INTERIORES

INTERIORES

EN CASA DE LOS GRANDES DISEÑADORES

INTRODUCCIÓN
WILLIAM NORWICH

TEXTOS
JOAN BARZILAY FREUND
STEPHANIE SPORN
PIP USHER

INTRODUCCIÓN

WILLIAM NORWICH

El mundo hiperconectado en el que vivimos hace que los diseñadores de interiores se vean sometidos a una gran presión cuando decoran sus propios hogares; los santuarios privados que crean para sí mismos, su familia y sus amigos están, a su vez, expuestos al escrutinio de miles de espectadores. Yo, desde luego, no los envidio. Por suerte para nosotros, no dudan en abrirnos las puertas de sus casas. Como veremos en este libro, el estilo personal no es un secreto, sino una eficaz herramienta de comunicación. Los decoradores muestran su gusto por la buena vida, la gastronomía, la moda, el arte, el bienestar y, sobre todo, la decoración. Y es que, parafraseando al historiador James Laver, los hogares de los decoradores son ni más ni menos que el mobiliario de la mente hecho visible. Paige Rense, legendaria editora de *Architectural Digest*, equiparaba la casa de un diseñador con el «autorretrato de un artista, salpicado de viejos sueños, nuevos conceptos y pinceladas maestras de un profesional experto».

Desde los comienzos del interiorismo como profesión, estos «autorretratos» siempre han sorprendido. Los aficionados al interiorismo descubrieron con asombro que Billy Baldwin, el diseñador de interiores por excelencia, vivía en un apartamento de una sola habitación en el Upper East Side de Nueva York y que, en verano, se trasladaba a una residencia de dos habitaciones en Nantucket. ¿Acaso decorar para algunas de las personalidades más relevantes de su época, como los iconos sociales Babe Paley y Bunny Mellon y la publicista Mary Wells Lawrence, no le hizo anhelar algo más espacioso, incluso palaciego? Nada más lejos de la realidad. Para Baldwin, contar solo con una o dos habitaciones (vivió primero en un apartamento de dos habitaciones en Amster Yard, cerca de Sutton Place, antes de trasladarse a otro de una) no era una cuestión de dinero. En su propio espacio, este diseñador perfeccionista, caracterizado por un estilo contenido que buscaba la idoneidad, era capaz de pulir sus diseños y experimentar con superficies, motivos y colores diferentes. Baldwin solo tenía «lo absolutamente necesario, sus objetos más preciados y libros». Le gustaba sentir que vivía en una biblioteca: «La mejor decoración del mundo es una habitación llena de libros», solía decir. Su amiga de la infancia, Pauline de Rothschild, no veía en esta continua experimentación un signo de inquietud o ambigüedad; al contrario, la alentaba: «Usar el espacio propio como un laboratorio es una idea estupenda».

En Phaidon tenemos la suerte de estar en contacto con expertos y aficionados al diseño de interiores de todos los rincones del mundo. Cuando nos planteamos editar este libro, decidimos consultar con nuestros colaboradores quiénes eran los principales protagonistas internacionales, los más prestigiosos, las estrellas emergentes. La respuesta fue magnífica. Los diseñadores nos contaron cómo, durante la pandemia, se habían vuelto a enamorar de sus hogares y de su trabajo, y quisieron compartir con nosotros su agradecimiento y aprecio por los espacios que los reconfortaron durante todos esos días tan complicados.

Interiores: En casa de los grandes diseñadores muestra los «laboratorios» de algunos de los interioristas en activo más famosos del mundo. Los hogares de los diseñadores son toda una declaración de intenciones, una muestra de lo que podrían ofrecer a sus clientes potenciales; pero, al mismo tiempo, son su refugio, un lugar que les permite descansar y recuperarse de sus frenéticas jornadas de trabajo. Algunos ejemplos son justo el contrapunto a los diseños que crean para sus clientes, una auténtica rebelión. Casi todos los espacios de estas páginas atesoran objetos que los protagonistas han adquirido en sus viajes por el mundo, piezas compradas para ellos mismos o para sus clientes.

Y, por último, pero también relevante, sus casas son una amalgama de tres prioridades: «un laboratorio, un refugio y un lugar de encuentro». Así describe Robin Standefer, de Roman and Williams, el enorme espacio en Montauk, Long Island (Nueva York), que comparte con Stephen Alesch, su compañera de vida y de profesión.

Sara Ruffin Costello y su familia, que antes residían en Manhattan, viven ahora un idilio con Nueva Orleans en una casa de estilo gótico italiano del maravilloso Garden District. Este proyecto de rehabilitación y posterior decoración presenta un estilo desenfadado y bohemio, como la propia decoradora. Desde luego, es mucho menos serio que los espacios que diseña para sus clientes más famosos. Costello ha sabido crear aquí un hogar divertido; en el comedor, por ejemplo, unas sillas francesas de anticuario y un gran sofá de flores enmarcan una mesa de pimpón. «No podría vivir sin ella», nos confesó. «Además, la red se puede quitar y, si la cubrimos con un mantel, es una mesa perfecta para grandes cenas».

Will Cooper, director creativo de ASH NYC, necesitaba alejarse de las viviendas repletas de colores y texturas con las que su estudio se ha labrado la fama. Por eso, su apartamento, en el East Village de Nueva York, es completamente blanco. «Cuando llego a casa necesito encontrar un espacio singular [...] Cuando acaba el día, lo único que me apetece es mirar una pared blanca», afirma. William Sofield, diseñador de tiendas de ropa de las firmas más exclusivas, como Tom Ford, Gucci, Bottega Veneta e Yves Saint Laurent, es todo lo contrario: su apartamento del SoHo, ubicado en una antigua fábrica de juguetes, ofrece una atmósfera crepuscular gracias a su oscura gama de colores y su iluminación tenue. Este lugar, dedicado originalmente al juego y la diversión, está centrado ahora en el estudio, la relajación y el descanso.

Al diseñar su apartamento con vistas al jardín de esculturas de Philip Johnson, en el Museo de Arte Moderno, el brasileño Sig Bergamin imaginó «un interior lleno de espejos, en el que Manhattan no se quedaba fuera, sino que se le daba la bienvenida». El parisino Jean-Louis Deniot, por su parte, quiso «definir lo que Miami es hoy» a través de su apartamento, situado en la vigésimo sexta planta de un edificio en South Beach, Miami. El resultado fue un «estudio de artista brutalista», en las alturas, que nada tenía que ver con la idea de un «sofá de cuero blanco en medio de una habitación blanca».

En Milán, rodeada de exposiciones de diseñadores de moda, tiene su casa Paola Navone, que ella misma define como «una suerte de estratificación de memorias». En París, en un apartamento ubicado en un edificio del siglo XIX de estilo Haussmann, Sophie Dries vio «una oportunidad única de expresar una cierta radicalidad». Las piezas contemporáneas que alberga la estancia, muchas de creación propia, contrastan con la arquitectura del edificio, epítome de la arquitectura parisina y célebre por su sobriedad. También en París encontramos a Joseph Dirand, mundialmente aclamado por sus diseños minimalistas de lujo. En su apartamento atesora arte y objetos que compró por «flechazo y enamoramiento». Su único problema, afirma, es que «el apartamento está lleno».

Mafalda Muñoz y Gonzalo Machado, del estudio de interiorismo español Casa Muñoz, son fervientes defensores del arte y el diseño patrios. Su hogar madrileño alberga tesoros nuevos y antiguos y las habitaciones se han concebido como espacios en los que vivir, no en los que estar de paso. Por su parte, la casa de Hugo Grisanti en Santiago de Chile es un laboratorio donde el diseñador experimenta sin límites con el color y el ingenio, los elementos distintivos de su estudio, Grisanti & Cussen, que fundó con su socia Kana Cussen. Tanto es así, que hay quienes describen sus interiores como versiones habitables de un plató de Wes Anderson. A Isabel López-Quesada, su «cabaña» en Biarritz (Francia) le brindó la oportunidad de alejarse del estilo opulento de algunos de sus encargos internacionales y explorar su gusto por los aspectos más sencillos de la decoración de interiores, como los objetos encontrados, de segunda mano o la artesanía.

En Seúl, el diseñador Teo Yang ha vuelto a casa tras pasar muchos años en el extranjero. Yang, que siempre ha mostrado su fascinación por la arquitectura tradicional de su país, vive en dos *hanoks*, construcciones ecológicas inspiradas en diseños del siglo XIV. Aunque este tipo de edificaciones se consideraban incongruentes con la sed de modernidad de la Corea actual, Yang, para quien su casa es una «compañera para toda la vida», ha logrado aunar tradición e innovación y suscitar el interés por esta nueva arquitectura coreana de inspiración histórica. Para Yang, la arquitectura coreana tradicional, hermosa y sostenible a la vez, tiene todo el potencial para convertirse en un lenguaje de diseño internacional.

Estas son solo algunas de las magníficas propuestas estéticas y visuales que este libro recoge. En ellas no se deja nada al azar; todo está pensado de antemano, estudiado. Para algunos de nosotros, un hogar es un lugar con un sofá cómodo, una cama y una televisión de pantalla grande. Para los diseñadores y decoradores de este libro eso es una aberración. Los hogares son plataformas de creación de grandes sueños y ellos sueñan en tecnicolor. Déjese seducir por estos grandes creadores de espacios.

JEFF ANDREWS

LOS ÁNGELES

La antigua residencia de Jeff Andrews, en el barrio de Miracle Mile North, es la casa por excelencia de Los Ángeles: un exterior clásico y discreto, pero con un interior contemporáneo y con mucho glamur. Después de haber diseñado las viviendas de muchos famosos, como Kaley Cuoco, Kris Jenner, Kourtney Kardashian y Lady Gaga, entre otros, Andrews domina la creación de espacios opulentos pero acogedores, sencillos y refinados a la vez. Al combinar tejidos texturizados con muebles y acabados metálicos, el diseñador muestra todo el potencial de una paleta claramente monocromática. Andrews se enfrentó al diseño de una de sus casas más famosas, donde vivió desde 2012 hasta 2020, buscando ese mismo equilibrio.

El exterior de la casa de una sola planta, construida en 1934, presenta muchas características de la arquitectura colonial española, desde las paredes de estuco blanco hasta el tejado de tejas rojas. Andrews siempre ha sido un apasionado de este estilo. «Es como si fuera original y a la vez formara parte de Los Ángeles desde siempre», dice el diseñador, cuya primera residencia (que compró cuando tenía unos veinticinco años) era de arquitectura neocolonial española, como su hogar actual.

Andrews se enamoró de la estructura de la casa y, en general, solo hizo pequeñas modificaciones que conservaban y modernizaban los elementos originales de la misma. El salón a dos niveles, por ejemplo, tenía el techo abovedado. Andrews pintó las vigas de un tono oscuro y colocó tela de ramio entre ellas. «A veces, al renovar las casas lo primero que piensas es que hay que tirar todo y empezar de cero», dice Andrews, cuyo impulso inicial fue ampliar la cocina eliminando la estancia de desayuno contigua, típica en la década de 1930. «Pero conviene preguntarse: ¿qué puedo conservar? en lugar de ¿qué puedo cambiar?, sobre todo con las casas más antiguas. A menudo, muchos elementos pueden conservarse y convertirse en algo adaptado al propietario».

Siguiendo esta teoría, decidió conservar la pintoresca cocina. Les dio otra capa de pintura blanca a los armarios empotrados y empapeló la estancia de desayuno con el sorprendente papel pintado de Fornasetti, creando así la que se convertiría en una de las zonas más frecuentadas de la casa. Sobre una mesa Tulip de Eero Saarinen, con las sillas diseñadas por Roy McMakin para Domestic Furniture Company, colgaba una lámpara de cerámica de Warner Walcott, que añadía un toque artesanal al espacio.

Uno de los pilares del trabajo de Andrews, presente en todas las estancias, es su espectacular mezcla de lámparas personalizadas, de diseño y *vintage*. «Lo importante no es el diseño de las luces, sino la combinación perfecta de calidad escultórica y lumínica. La forma en que se coordinan es lo que da coherencia a la habitación», afirma Andrews. Para su dormitorio, diseñó apliques de pared personalizados con forma de neurona y, en el salón, colocó sus lámparas favoritas, un par de Sputnik de mediados de siglo.

En los interiores de Andrews, la iluminación siempre dialoga con el arte en lugar de competir con él. Algo que podía apreciarse en el estudio, el espacio favorito del diseñador, que le recordaba a la casa de sus abuelos por los paneles de madera en color topo de las paredes y la chimenea original. En el estudio, una lámpara de araña con orbes de cerámica, hecha a medida por la artesana de Los Ángeles Heather Levine, reflejaba la pasión de Andrews por este material, que decoraba cada rincón de la casa junto con pinturas abstractas empastadas de las décadas de 1950 y 1960. Incluso en el dormitorio principal y el baño, de tonos más oscuros y fríos, las texturas infundían calidez y profundidad a los interiores.

Es la reforma en la que Andrews ha invertido más tiempo. Cuando se mudó, el dormitorio principal era el estudio de diseño de su equipo, pero después lo convirtió en su *suite* de ensueño, con un baño de mármol. A diferencia de la urgencia que tiene al diseñar casas para otros, Andrews se permite un ritmo más pausado cuando trabaja en sus propias residencias. «Nunca están terminadas del todo», dice. «Diseñar y vivir son dos procesos, hay que dejarles margen para que puedan evolucionar». —Stephanie Sporn

SOPHIE DRIES

PARÍS

Para Sophie Dries, arquitecta y diseñadora residente en París, en todos sus proyectos, la comprensión intuitiva de la personalidad de sus clientes es fundamental. «Decorar un espacio es muy parecido a pintar un retrato», afirma. Después de trabajar con Jean Nouvel, Pierre Yovanovitch y Christian Liaigre, Dries fundó finalmente su estudio homónimo en 2014. Desde entonces ha aplicado este planteamiento en residencias privadas, hoteles, tiendas de ropa de marcas exclusivas e incluso en una floristería.

En 2019 su filosofía se convirtió en un autorretrato al mudarse a su propia casa, un apartamento de dos plantas en un edificio de Haussmann del siglo XIX que se ha convertido en sinónimo de la arquitectura parisina. Deslumbrante y con elementos de época (desde el suelo de parqué y las paredes con paneles de madera hasta la chimenea de mármol), el apartamento refleja el encanto continental tradicional de la ciudad. Con este telón de fondo, introdujo llamativos toques de color, una paleta sorprendente de materiales industriales y una selección de mobiliario experimental que ejemplifica su gusto por las líneas rectas y austeras y el diseño contemporáneo de la década de 1990. «Puedo ser supersofisticada y superrebelde a la vez», dice de la paradoja deliberada que quiso crear entre el carácter histórico del apartamento y sus muebles vanguardistas.

De principio a fin, su inclinación natural por el minimalismo se ve acompañada por un deseo de crear contrastes insólitos, como una mesa de comedor de roble macizo de SDA Decoration con patas de acero oxidado o un trío de sillas metálicas curvadas de Philippe Starck para Driade. «Le di carta blanca a Max Lamb», explica al referirse a la mesita de resina de color naranja claro que el diseñador de mobiliario británico hizo a medida al ver la enorme fotografía de Ryan McGinley de un paisaje naranja con cráteres que cuelga en la pared del salón.

La mayoría de las paredes están pintadas de blanco, pero Dries transformó una habitación de paso en un «gabinete de curiosidades» con paredes de color verde alga revestidas con papel de paja chino, un armario de pino a medida con un frontal intrincado y una silla de resina del arquitecto y diseñador industrial italiano Gaetano Pesce. «Cuando tienes una habitación muy pequeña, es interesante tratarla con un color oscuro porque hace que resulte muy acogedora», asegura Dries, que añade que esta estancia es la más sugerente del apartamento por la colección de obras de arte de pequeño formato o papel que concentra.

La casa de Dries, donde suele recibir a los clientes, anima a los más conservadores a experimentar con ideas que van más allá de su zona de confort. «Esta casa era una oportunidad única para expresar una cierta radicalidad», afirma. «Mucha gente no se habría atrevido a ir tan lejos con piezas contemporáneas, pero cuando lo ven en el contexto de este apartamento burgués se dan cuenta de que es posible».

Pronto el apartamento se someterá a su reforma más importante hasta la fecha, ya que Dries y su pareja esperan su primer hijo. La planificación de la habitación infantil aún está en curso, pero Dries reconoce entre risas que su debilidad por los bloques de hormigón y el acero oxidado puede que no encajen esta vez. Afortunadamente, adopta un planteamiento filosófico para su colección de obras de arte y mobiliario. «Me gusta usar los objetos», dice. «Creo que ganan belleza con el paso del tiempo». —Pip Usher

KALEIDOSCOPE

LLARD CRASH

WILL COOPER (ASH NYC)

NUEVA YORK

Will Cooper, director creativo de ASH NYC, sabe lo que le gusta. En sus residencias privadas esto significa blanco sobre blanco. De día viste los distintos hoteles *boutique* de la firma con capas de colores, tejidos y antigüedades idiosincrásicas. De noche, Cooper se retira a este remanso de paz de 51 metros cuadrados de estilo ferrocarril del barrio Alphabet City de Manhattan. Para él, que desde que se instaló en Nueva York ha vivido casi exclusivamente en el East Village, este apartamento es su casa desde 2016.

Situado a la altura del Tompkins Square Park, en un antiguo bloque de viviendas de alquiler, un segundo piso sin ascensor le llamó la atención por sus habitaciones rectilíneas y su sencillez. «Como ASH NYC crea mundos tan disparatados, cuando llego a casa necesito encontrar un espacio singular. Es sorprendente que me guste tanto el color para los hoteles y para otras personas, y no para mí», asegura Cooper, cuyo apartamento, pese a carecer de color, tiene una personalidad arrolladora. «Me gusta el interiorismo cinematográfico y, pese a su austeridad, mi casa es bastante cinematográfica».

Al entrar en un pequeño vestíbulo, se ven la cocina y el baño a la izquierda, y el dormitorio y el salón a la derecha. Cooper decapó y pintó los suelos, las paredes y las vigas de madera del techo y eligió cortinajes de algodón blanco a modo de tabiques móviles. Inundado por la luz natural, el espacio parece prácticamente infinito, con su blancura, potenciada por el gran biombo de espejo del dormitorio.

Cooper ilumina algunas de sus obras de arte y objetos de diseño con las lámparas de riel típicas de las galerías de arte. En su colección confluyen distintas ideas y periodos: desde una cómoda holandesa del siglo XVIII hasta las lámparas de pie blancas de Robert Sonneman de la década de 1970. También utiliza su apartamento para experimentar con prototipos de muebles para ASH NYC, algunos de los cuales están inspirados en sus hallazgos *vintage*. La decoración incluye algunas de las obras de arte favoritas de Cooper: una serena pintura de Luca Pancrazzi (antiguo asistente de estudio de Alighiero Boetti), una enigmática pintura al óleo de Aleksandar Duravcevic y jarrones del colectivo de Detroit Hamtramck Ceramck, que le recuerdan la época en la que trabajó en el Siren Hotel de Michigan. Para este director creativo, casi todos los objetos de su vivienda son un reflejo de su periplo personal o profesional, lo que le confiere alma y carácter.

Lo que más llama la atención de las pertenencias de Cooper es, sin duda, su extensa colección de libros, repartida por toda la casa. Ávido lector de libros descatalogados, en los que descubre nuevas personas y mundos, la literatura supone para él una fuente de inspiración mucho más original y estimulante que todo lo que pueda encontrar en Internet. No sorprende que sus zonas favoritas de la casa sean aquellas en las que puede ponerse cómodo y disfrutar de un buen libro, ya sea en el suelo delante de la cama o en la butaca afelpada del salón.

Al fin y al cabo, las casas pequeñas no son para él una limitación, sino todo lo contrario. Prefiere crear viviendas de ensueño en Venecia o París y regresar a su compacto y humilde hogar. «Me gusta crear grandes espacios, pero me gustan las limitaciones y la humildad de los pequeños. Prefiero volcar la energía en todos los proyectos que creamos», explica. «Es agotador pasarse la vida de viaje. Cuando acaba el día, lo único que me apetece es mirar una pared blanca». —Stephanie Sporn

bauhaus

NUEVA YORK

Aunque actualmente la firma de diseño ASH NYC se dedica al interiorismo residencial y comercial, además de a la puesta a punto de una casa para su venta, su *modus vivendi* es transformar inmuebles históricos en hoteles *boutique* de innegable elegancia y encanto. Cuando diseña sus propias viviendas, el cofundador de la empresa, Ari Heckman, siente predilección por los lugares con pasado en los que pueda volcar su pasión por la restauración. Esto es lo que han hecho él y el director creativo de ASH NYC, Will Cooper, en el Siren Hotel de Detroit y el Hotel Peter and Paul de Nueva Orleans, entre otros. Entre 2015 y 2021, el interiorista vivió en un apartamento del SoHo que había sido una fábrica. La arquitectura y la orientación del edificio llamaron enseguida su atención. Para empezar, era una estructura independiente abierta por tres de las cuatro orientaciones y, tal vez lo más insólito tratándose de Manhattan, contaba con tres chimeneas originales.

Construido en la segunda mitad del siglo XIX, el edificio se acondicionó como vivienda en la década de 1980 y posteriormente sufrió diversas reformas. Según Heckman, «la tesis que aplico en cada proyecto es eliminar todas las intervenciones modernas que se hayan realizado y devolver al espacio su esencia». En este apartamento del SoHo se tiraron abajo los tabiques y se reorganizó la planta para optimizar el espacio de 121 metros cuadrados. En el amplio salón, de 7,5 metros, las vigas de madera vista dirigen la atención hacia tres ventanales y dos puertas de suelo a techo que dan a un falso balcón (antiguamente una zona de carga) con la polea aún impecable. Las vigas de madera, que habían quedado ocultas bajo el falso techo de placas de yeso, le aportaron automáticamente al espacio calidez, textura y una atmósfera rústica y clásica.

La paleta de colores, sobre todo neutros, está inspirada en los materiales orgánicos de la vivienda, como la madera, la piedra o la terracota. Y, en la línea de los hoteles de ASH NYC, Heckman decora su propio espacio inspirándose en sus viajes por todo el mundo y los innumerables tesoros que él y Cooper han descubierto. Antes de instalarse en su apartamento del SoHo, el interiorista viajó por toda Bélgica. «Me influyó mucho la forma en la que los diseñadores belgas crean lujo a partir de materiales modestos», explica Heckman, que apostó por una sobriedad bien calculada para presentar su propia colección de arte contemporáneo y antigüedades. En las paredes del salón, el punto neurálgico es un escudo gigante que adquirió en Bélgica, detrás del cual colocó una luz. De esta forma, consigue el efecto de un ovni resplandeciente, que resulta aún más fascinante de noche.

El espacioso salón de colores neutros comunica con el estudio, una habitación que marca un claro contraste solo por el color. Ambos espacios comparten una chimenea de doble cara, pero el estudio está vestido de azul noche oscuro con toques verde y naranja en el mobiliario. «A todo el mundo le encantaba la habitación azul porque era muy acogedora», asegura Heckman, que construyó asientos seccionales alrededor del perímetro. «Aunque estaba en pleno SoHo, era increíblemente tranquila porque el apartamento no da a la calle. Era como una fantástica habitación de invierno que te invitaba a acurrucarte en el sofá y a taparte con la manta delante de la chimenea».

Como muchos interioristas, para Heckman sus casas son laboratorios de experimentación, pero en el caso de ASH NYC esto significa específicamente probar técnicas de reforma y rehabilitación para perfeccionar el oficio. En su apartamento del SoHo, por ejemplo, Heckman trabajó con su contratista para crear un revoco de cal para enlucir las paredes de ladrillo dejando la textura vista. Desde entonces ha usado el mismo material en varios proyectos del estudio. Con este planteamiento de eficacia probada, no es de extrañar que la residencia de Heckman transmita esa sensación de elegancia vivida que también caracteriza a los hoteles *boutique* de ASH NYC, en continua expansión. —Stephanie Sporn

RICHARD SERRA EARLY WORK
CY TWOMBLY

ED RUSCHA
LOS ANGELES APARTMENTS

HUGO GRISANTI (GRISANTI & CUSSEN)

SANTIAGO DE CHILE

Cuando observamos un proyecto de interiorismo de Grisanti & Cussen resulta casi imposible averiguar el origen de las habitaciones, ¿de dónde o cuándo son? Cada espacio que concibe esta empresa, con sede en Santiago de Chile, es una mezcla estética que refleja los orígenes multiculturales de sus fundadores. Aunque el arquitecto Hugo Grisanti y la diseñadora Kana Cussen están unidos por su sensibilidad maximalista y su admiración por la historia, ambos buscan crear experiencias individuales en todos sus proyectos. «Trabajamos de forma muy cinematográfica, con muchas capas y referencias en nuestros espacios», dice Grisanti. Esto, unido al empleo desinhibido del color, la seña de identidad del estudio, hace que sus estancias rebosen personalidad por los cuatro costados, como si fueran un decorado habitable de Wes Anderson.

Desde su creación en 2007, Grisanti & Cussen se ha convertido en una de las firmas más importantes de Sudamérica y ha diseñado residencias privadas, exposiciones y proyectos comerciales. Sin embargo, la expresión creativa de los diseñadores queda especialmente patente en la casa de Grisanti. Encontraron esta casa de estilo inglés hace doce años, cuando buscaban nuevas residencias. Construida para una familia en la década de 1940 en el tradicional barrio de Providencia de Santiago de Chile, la vivienda se compone de una única planta de 192 metros cuadrados y cuenta con un jardín y una casa de invitados. Con la intención de conservar la esencia de la propiedad, e incluso resaltarla aún más con la incorporación de molduras adicionales, Grisanti y Cussen no alteraron significativamente la estructura de la casa. Su objetivo era más bien transformar cuatro pequeñas habitaciones en un amplio dormitorio y un despacho.

Como Grisanti vive solo, la casa se convirtió en el laboratorio ideal donde los diseñadores podían jugar y experimentar con ideas para sus proyectos residenciales. «Para nosotros, esta casa es la máxima expresión de nuestros diseños», explica Grisanti. Mientras que la mayoría de sus clientes dudan al aventurarse con el color en sus propios espacios, Grisanti y Cussen se deleitaron con la intensidad de los mismos en su residencia privada. El resultado es una sinfonía de tonos cerúleos, verdes y coralinos. En enero de 2021, como parte de un proceso de redecoración más amplio, incluso repintaron las paredes en tonos más vivos para expresar la alegría y la libertad que sentían al salir del pico de la pandemia de COVID-19.

La creación de una trama cromática distintiva es uno de los primeros pasos del estudio a la hora de diseñar. «Nos gusta elegir colores de la misma saturación, ya sean pasteles o tonos más vibrantes. Utilizamos diferentes colores para crear nuevos ambientes», dice Grisanti. La pintura suele extenderse tanto por los techos, con motivos decorativos o con un color de contraste, como por los detalles arquitectónicos, como las molduras, las columnas y las chimeneas. A continuación, deciden cómo intervenir en cada habitación. Mientras que el salón, de tonos fríos, es un espacio muy personal repleto de reliquias familiares y piezas valiosas, como el kudú africano disecado de Grisanti, el comedor, de dos tonos, contiene muchos menos objetos para que resulte colorido pero limpio.

Aunque Grisanti y Cussen se proveen de artículos de todo el mundo, siempre conceden protagonismo a los artistas y fabricantes latinoamericanos. Además de tejidos de Ecuador y Bolivia, hay obras de artistas chilenos contemporáneos, como Cecilia Avendaño y Matilde Pérez, así como un sofá de Mario Matta en el salón, uno de los principales diseñadores de muebles de Chile y hermano del notable surrealista y expresionista abstracto Roberto Matta.

Grisanti y Cussen creen que el salón es el espacio que mejor representa el alma de la casa, seguido del dormitorio, que cuenta con su propia zona de estar. Allí, una alfombra y unas sillas de Gianni Versace se complementan con dos grandes cuadros de Stanley Gonczanski que tienen un aire exagerado y barroco-contemporáneo. Quizá el dormitorio sea el lugar de la casa que mejor ilustra el lado humorístico y divertido de ambos diseñadores. «Con nuestros proyectos intentamos ser atemporales y universales», afirma Grisanti, que cree que combinar objetos con diferentes historias es la clave para crear espacios nuevos y singulares. «Realmente espero que cuando la gente vea nuestros espacios dentro de veinte años piense que las habitaciones siguen siendo contemporáneas». —Stephanie Sporn

JAMES HUNIFORD

NUEVA YORK

«Lo que hace que un interior sea único y especial es la relación entre el diseñador y las personas que lo habitan», dice uno de los diseñadores estrella de *ELLE DECOR*. Se trata de James Huniford, o Ford, apodado cariñosamente así por sus amigos y clientes. En 2008 Huniford fundó su propio estudio, James Huniford Design Studio, que imprime su sello de diseño, cómodo y elegante, a las residencias privadas de Nueva York y de otros muchos lugares. Huniford se enorgullece de crear cada espacio según la forma de ser y el estilo de vida de sus clientes. Y como no podía ser de otra forma, ha hecho lo mismo en su casa.

Cuando sus dos hijos aún no habían alcanzado la adolescencia, su hogar era una casa neoyorquina clásica de arquitectura formal. No tardaron en darse cuenta, en 2016, de que un apartamento tipo *loft* encajaría mejor con su estilo de vida más moderno. Un antiguo almacén textil de Tribeca ofrecía la distribución diáfana y la abundancia de luz que buscaban, pero necesitaba una amplia reforma. Transformar el espacio bruto en algo «más pulido y minimalista», suponía bajar los techos, instalar luces empotradas, consolidar la red de conductos y revestir el suelo de madera de castaño antiguo de toda la vivienda.

A Huniford le apasionan los objetos encontrados, como, por ejemplo, las piezas de mobiliario llenas de encanto y carácter. La zona de estar central gira en torno a una antigua mesa de madera de 4 metros de longitud adquirida en Oxford (Inglaterra). El diseñador quería que este fuera el punto de reunión de la familia, por lo que no puso taburetes alrededor de la isla de la cocina. Conocido por sus combinaciones eclécticas e ingeniosas, colocó una estantería de bronce, alargada y baja, construida por él, junto a la mesa para suavizar la austeridad de la sala. «Me encanta la manera en que los libros complementan la mesa y hacen que todo resulte más relajado y menos formal», declara.

Los fines de semana y las vacaciones, la familia se acomoda en su estilosa y cómoda casa de Bridgehampton, Long Island, donde disfrutan de la tranquilidad y de la vida familiar, nada que ver con la ostentación y el bullicio de muchas de las casas de los Hamptons. Un sábado cualquiera la actividad de la casa gira en torno a la larga mesa de caballete de la cocina, donde el diseñador arregla las flores que acaba de recoger y sirve sus deliciosos platos.

Huniford utiliza sus casas como «laboratorios» para experimentar con sus ideas. Ambas residencias están repletas de una mezcla de piezas clásicas y contemporáneas. Su colección incluye obras de arte de Robert Rauschenberg, Agnes Martin, Donald Judd y muchos más artistas. En el salón de Manhattan, un sillón orejero, que perteneció al diseñador de moda estadounidense Bill Blass, está emparejado con dos taburetes del siglo XIX, una moderna mesita de pergamino y una escultura contemporánea de bronce. En la suite principal, las tiras de cuero entrelazadas de un austero sofá cama toman por referencia la Villa Kérylos, en el sur de Francia; cerca, un molde para hacer globos ha sido readaptado para hacer las veces de escultura y cuelga de la pared.

Las casas son tranquilas, sencillas y acogedoras. «No se trata de dejar mi marca; lo importante es descubrir qué hay que hacer, asumir riesgos y conseguir un resultado único para mis clientes, mis amigos y mi familia». —Pip Usher

MICHELLE NUSSBAUMER

DALLAS

Michelle Nussbaumer, fundadora de Ceylon et Cie, tiene una vivienda en Dallas que cierra el círculo de manera magistral, pues no es habitual que la casa de los sueños de una niña llegue a ser de su propiedad. De adolescente, la interiorista tenía una amiga en el instituto cuya casa, con sus estancias majestuosas pero funcionales, le fascinaba. A principios de la década de 1980, cuando tenía veinticinco años, Nussbaumer, recién casada y en busca de casa, se llevó una gran decepción al ver la poca oferta de arquitectura histórica de la ciudad. Cuando ella y su agente inmobiliario fueron a la vivienda de su amiga para ver cómo era lo que estaba buscando, se encontraron con que estaba en venta. Y cerraron el trato, aunque el matrimonio tuvo que esperar una década para trasladarse. Antes de que pudieran establecerse en Dallas a mediados de la década de 1990, la carrera cinematográfica de su marido los llevó a Roma y Los Ángeles. Pero «la casa estaba esperándonos», dice Nussbaumer sobre este inmueble que considera que está hecho para varias generaciones y donde espera que alguno de sus hijos resida algún día.

Dos de los atributos de la casa que más entusiasman a Nussbaumer son la discreción exterior y la distribución de la planta baja, que comunica espacios que incitan a pasear, incluido un comedor grande como una sala de baile, varias bibliotecas y una terraza acristalada. Cuando se mudó, la casa, construida a finales de la década de 1940 o principios de la de 1950, estaba intacta, con componentes de la máxima calidad (incluso los baños tenían los herrajes de Sherle Wagner originales). Romántica empedernida, a la interiorista le encantaba el estilo tradicional de la vivienda y se dedicó a hacer cambios estéticos, como la incorporación de telas y papeles pintados nuevos, muchos de los cuales son diseños suyos.

En cambio, en lo que respecta al mobiliario, la casa es una amalgama de piezas heredadas y de sus anteriores viviendas. El resultado es un espacio que refleja una historia internacional auténtica cargada de recuerdos. «Mi diseño es irreverente. No quiero nada que parezca demasiado perfecto», dice Nussbaumer, que define su estilo como lujo bohemio. «Pero cuando consigo lo que quiero, no lo dejo escapar; no siempre para mis clientes, pero sí para mí».

Su estilo se caracteriza por la abundancia de colores, estampados y materiales vibrantes, y las referencias de todo el mundo, desde telas mexicanas hasta monedas africanas de la década de 1930. En su casa, lleva su maximalismo a cotas extremas. Por ejemplo, en la biblioteca no hay una alfombra persa, sino que todo el suelo está cubierto con docenas de ellas. En el vestíbulo, numerosas obras de Rajastán de varios tamaños convierten la escalera en una galería. Como dice Nussbaumer: «Cuando menos lo esperas, aparece algo sorprendente». Las obras de arte también alegran la casa. Aunque los retratos, las fotografías y las pinturas *color field* son las categorías preferidas de la interiorista, cualquier tipo de obra es bien recibido. «No hay nada que no coleccione», dice. «Tal vez por eso terminé con una sala de exposiciones».

Amante de las entradas espectaculares, algo que ella atribuye a su experiencia en la escenografía y el teatro, su casa cuenta con una majestuosa entrada de dos plantas con una escalinata doble que lleva a un salón rosa claro, su estancia favorita. Arquitectónicamente, el espacio ligeramente socavado hace que el techo sea 60 centímetros más alto que en el resto de la casa, y una chimenea de mármol del siglo XVIII contribuye al ambiente de casa rural inglesa antigua. Lo mejor de todo es que, cuando sus cuatro hijos aún vivían allí, ellos y sus perros se adueñaban siempre de los sofás.

Nussbaumer suele celebrar fiestas en casa, de ahí que disponga de cuatro cocinas. La principal, con un mural de inspiración maya pintado por Francisco Moreno, tiene una despensa de porcelana independiente, mientras que la cocina de diseño, el *speakeasy* y la coctelería ofrecen muchas opciones para comer y beber. La casa también cuenta con piscina, pista de tenis, gallinero y jardín, espacios que resultaron especialmente provechosos durante la pandemia de COVID-19, cuando uno de sus hijos se mudó temporalmente desde Londres y la familia y los amigos podían reunirse con seguridad al aire libre. «Es lo que tiene esta casa. Que es nuestro refugio. Siempre está abierta a todo el mundo». —Stephanie Sporn

A GRAND ITALIAN EPIC
VALENTINO GARAVANI
PENN
MOMENTS PRESERVED

MURIEL BRANDOLINI

PARÍS

Una cama en la biblioteca, «¿por qué no?», pregunta la diseñadora de moda convertida en interiorista Muriel Brandolini acerca del replanteamiento del mobiliario. Sus clientes, entre ellos la familia real de Grecia, recurren a la prodigiosa neoyorquina por su intrépida creatividad y su sensibilidad de viajera, fruto de su herencia francesa, venezolana y vietnamita. «Un sofá cama de biblioteca se convierte fácilmente en una cama de invitados. Suelo poner *daybeds* en el comedor. Para mí, una habitación de un único uso es un poco triste y demasiado formal». De la segunda residencia parisina de Brandolini, que compró en 2015, podría decirse de todo menos eso, y no solo por la original biblioteca en la que se puede dormir entre libros. Con su familia política en Italia, el apartamento de dos habitaciones se ha convertido en su base de operaciones en Europa, y la decoración es tan imaginativa e inspiradora como la propia ciudad.

Situado en el distrito VII, el piso cuenta con una distribución enfilada, techos de 4,5 metros de alto y ocho enormes ventanales con vistas a la torre Eiffel, un parque y una iglesia cuyas campanas se oyen por toda la casa. La decoradora francesa Caroline Sarkozy, amiga de Brandolini, la ayudó a supervisar las reformas y compartió con ella su Rolodex de contactos de confianza. Por ejemplo, un experto en pintura trabajó con Brandolini para crear la delicada paleta de colores ámbar y miel, un giro radical frente a las combinaciones de colores vivos características de la diseñadora. Sin embargo, estos tonos más tenues permitieron resaltar el brillo de las telas luminosas y los tejidos *vintage* que tanto le apasionan.

Con su propia línea de mobiliario y tejidos, la diseñadora creó nuevas telas, incluidas algunas con fondo gris perla y blanco, para decorar el apartamento. Revistió las paredes con sus telas estampadas con xilografías y, en las zonas comunes, aplicó un toque extra de tinta metalizada. Brandolini también trabajó con Jean-François Lesage en los bordados personalizados. En el salón, las guardamalletas y los cojines de telas antiguas se adornaron con hilo dorado, mientras que, en el comedor, Lesage creó pantallas embellecidas para los apliques del querido amigo de Brandolini, Hervé van der Straeten, que también diseñó la lámpara de techo del comedor y un par de mesillas para el dormitorio.

En el salón, un sofá retapizado de la década de 1940 de Jules Leleu preside el espacio. «Esa tela de terciopelo afelpado con grandes uvas embellecidas en ámbar y marrón sobre un fondo dorado merecía todo el protagonismo. Es como si convirtiera en oro todo lo que toca en ese espacio». Algunas combinaciones insólitas son las lámparas con pantallas hechas de telas africanas y las butacas adornadas con un fleco de dientes de tiburón y forradas con distintos tejidos, como retales de un *obi* japonés de la colección personal de la interiorista. «Algunas telas, objetos y muebles de mi colección tienen que esperar su turno», dice Brandolini, quien equipó su casa parisina con muchas piezas que tenía almacenadas en Nueva York. «Cuando diseño una casa, no siempre sé exactamente qué busco, pero cuando lo veo siempre lo sé». Otras piezas del salón destacadas son la mesa de cóctel de Nada Debs y unos sillones que pertenecieron a Carlos I.

La animada mezcla de objetos nuevos y antiguos continúa en la cocina y el comedor, donde la mesa, con copas *vintage* de Murano y manteles indios, da fe de la estética multicultural de la casa. Este estilo queda patente principalmente en la biblioteca, donde un diván con baldaquino del siglo XIX de la suegra de Brandolini se combina con un espejo de Murano asimétrico y un tocador con incrustaciones de la década de 1930 diseñado por el fabricante de muebles Eugenio Quarti. En referencia a cómo se plantea las combinaciones, la interiorista afirma: «Presento los objetos como si fueran amigos en una fiesta que sé que van a congeniar». Como un acogedor crisol de tejidos de todo el mundo, el apartamento de Brandolini te transporta y te atrapa a la vez. Cuando está aquí, la vida transcurre lentamente, y ella y su marido pueden disfrutar de placeres sencillos. —Stephanie Sporn

ROBERT STILIN

NUEVA YORK

Para Robert Stilin, cada proyecto representa el comienzo de una relación íntima entre el cliente y el interiorista. «No soy el clásico tipo que se mete en tu casa y te dice lo que deberías hacer en quince minutos», asegura el estadounidense con su rápida forma de hablar. Con su maestría para crear ambientes cálidos y acogedores, ha decorado pintorescas casas de campo, refugios en la playa e incluso un recinto de estilo Tudor de la década de 1920 en Kentucky. «La mayoría de nuestros proyectos duran dos o tres años, así que es como un matrimonio y tiene que haber química».

Al contrario que muchos de sus coetáneos, Stilin no estudió interiorismo, sino que se abrió camino en la industria con una tienda de decoración en Palm Beach, Florida, que inauguró con su exmujer. Tras mudarse a East Hampton, Nueva York, en la década de 1990, el boca a boca reforzó su prestigio como interiorista, que compaginó con la dirección de otra tienda y el cuidado de su hijo. Cuando este se fue a la universidad, el negocio había crecido tanto que pasaba la mitad del tiempo en Nueva York, de hotel en hotel, por lo que decidió comprar un apartamento de dos habitaciones en el SoHo. Había llegado el momento, según él, de empezar «una nueva fase vital».

Situado en un bloque de viviendas diseñado por Charles Gwathmey, el legendario arquitecto modernista, el espacio de tipo *loft* era como un lienzo en blanco en el que Stilin podía imprimir su personalidad con sus pertenencias más preciadas. Coleccionadas a lo largo de sus treinta años de carrera, todas las piezas encierran una historia detrás, tanto las atesoradas en sus viajes como las compradas a un amigo marchante de arte. «Todo lo que tengo es fruto de algún tipo de experiencia o relación con algunas personas, por eso todo tiene un significado para mí», asegura. «Aunque no supiera dónde iba a usarlo, me salió del alma comprarlo».

Por ejemplo, en el diáfano salón conviven la silueta austera de una mesita de caliza brasileña y cromo, descubierta en un mercadillo parisino, y las curvas esculturales de un sillón sin brazos del fabricante francés Kappa de la década de 1970. En las paredes, una serie de obras de arte (incluido un retrato de Darth Vader y una pieza de Mishka Henner con la leyenda «No pague hasta abril» estampada sobre la pintura del Himalaya de Gerhard Richter) permiten adivinar sus diversas fuentes de inspiración.

En la habitación de invitados, un cuadro abstracto «relajante» del artista de posguerra Sven Lukin cuelga sobre la cama, pero Stilin añadió un toque nada convencional con la fotografía *Adam and Eve* de Michael Combs en la que aparecen los torsos desnudos de un hombre y una mujer con cascos de fútbol americano. En su dormitorio hay una lámina enmarcada del escultor francés César, comprada nueve meses después de que Stilin la viera porque necesitaba «ajustar el precio», y la enigmática obra de Marcelo Brodsky de las aguas del Río de la Plata, que discurre entre Uruguay y Argentina. «El río es un auténtico vertedero para los indeseables y la mafia y la clandestinidad de esos dos países», explica. «La gente dice: "Dios mío, ¿cómo puedes dormir con eso encima de tu cabeza?"».

Incluso con obras de arte que causan pesadillas, el confort siempre tiene prioridad en los espacios de Stilin. Obras de arte codiciadas, muebles de amigos y sillas tapizadas con suntuosa cachemira de Loro Piana, todo esto hace que su casa tenga una pátina única. «Si sacaras lo que tengo en mi apartamento solo quedaría una caja blanca», reflexiona. «Pero las distintas capas están impregnadas de infinitos detalles y riqueza». —Pip Usher

PAY
NOTHING
UNTIL
APRIL

MOUNTAIN

JEAN-LOUIS DENIOT

MIAMI

Desde que abrió su estudio homónimo en 2000, Jean-Louis Deniot ha recibido encargos para decorar las residencias privadas de algunas de las personas más exitosas del planeta. Desde una elegante segunda residencia parisina para una princesa de Oriente Próximo hasta una finca palaciega en Nueva Delhi inspirada en la época colonial británica, Deniot crea interiores neoclásicos modernos que viste con muebles a medida y obras de artesanía exquisitas. En una entrevista para *LifeMStyle* de 2018 dijo: «Mis decoraciones son elaboradas para que mis clientes parezcan las personalidades importantes, elegantes, sofisticadas y mundanas que son, siempre con un profundo respeto por sus tradiciones locales».

Deniot, a quien la ostentación y el glamur de Miami le fascinaban antes de conocer la ciudad, compró allí un refugio para adaptarse a una apretada agenda que le obliga a dividir su tiempo entre su estudio de París y numerosos proyectos por todo Estados Unidos. Desde su apartamento admiraba los grandes ventanales de un ático cercano, hasta que lo pusieron a la venta y se apresuró a quedárselo.

En la vigesimosexta planta de uno de los edificios más altos de South Beach, su nueva propiedad le ofrecía la oportunidad de enaltecer Miami con su especial atención al contexto local. Estudió en profundidad la obra del legendario arquitecto Morris Lapidus, cuyos llamativos hoteles se convirtieron en sinónimo del estilo *mid-century* de Miami, así como los edificios *art déco* y el imaginario evocador de la Cuba de la década de 1950. «Quería definir lo que Miami es hoy. Durante mucho tiempo ha sido un sofá de cuero blanco en medio de una habitación blanca».

Esta exploración lo llevó a un «estudio de artista brutalista» que combina las texturas rústicas con piezas únicas y una paleta cromática inspirada en el mar. «En el salón, estás al mismo nivel que los aviones y los pájaros y el agua, y de pronto todo se fusiona», explica. Para potenciar esta sensación aérea, diseñó una alfombra a medida en forma de remolino azul oscuro que se extiende sin interrupción hasta la terraza. Su cualidad etérea se equilibra con paredes de cemento visto que evocan la textura irregular de la piedra de coral, un material natural único del sur de Florida. «No lo ves como cemento, sino como algo que forma parte de este lugar».

Su inclinación por las soluciones a medida está patente en la cocina, pequeña y sin ventanas. Decidido a incorporar un elemento acuático que evocara el mar, dibujó un estampado por ordenador y lo imprimió por láser en los relucientes armarios de acero inoxidable. «Al aplicar los falsos reflejos en una superficie reflectante, esta se llena de más reflejos y más líquido», explica.

Para potenciar la narrativa del espacio, eligió los muebles cuidadosamente. Una lámpara grecorromana de bronce y alabastro de la década de 1920 introdujo un toque majestuoso que sitúa el salón en un nivel superior mucho más allá de una simple moda, igual que el enorme busto de hormigón que evoca «los elementos romanos de Capri». Junto a estas florituras clásicas europeas hay piezas que cultivan una estética más propia de Miami, como un par de sillones tapizados *art déco* de Jindrich Halabala de la década de 1930.

Deniot también rindió homenaje al atributo más famoso de la ciudad en el dormitorio principal, de color verde azulado. En el techo, un lienzo pintado a mano de Florence Girette «da sensación de movimiento» con un remolino que podría ser un cúmulo estelar, la forma en espiral de una concha marina o las nubes de un huracán que se aproxima. Este paisaje abstracto se extiende hasta el baño de la *suite*, construido con pesadas losas de mármol veteado de un color turbulento parecido.

La otra noche, Deniot se sentó en su residencia de Miami a ver *Blade Runner*, la película de ciencia ficción ambientada en un futuro distópico. Mientras las naves espaciales pasaban zumbando por la pantalla del televisor, los aviones volaban junto a la ventana. «Es pura magia», asegura. «Es como si estuvieras viviendo en una nube».
—Pip Usher

ANDRÉ FU

HONG KONG

Ya sea un hotel en Singapur, la casa de una modelo en Nueva York o una galería de arte en su Hong Kong natal, todos los proyectos que aborda André Fu reflejan su formación internacional. Nacido en Hong Kong y educado en Inglaterra, este arquitecto y diseñador es famoso por la creación de interiores elegantes que fusionan a la perfección la comprensión del equilibrio y la calma de la cultura oriental con la exuberancia y la fuerza de las formas occidentales. «No pretendo destacar qué aspecto cultural representa mi casa. Siempre he trabajado de forma intercultural», dice Fu sobre su apartamento de Deep Water Bay (Hong Kong). «Es algo que no se extrapola solo al diseño de mi casa, sino a mi estilo de vida».

Diseñar este dúplex de 232 metros cuadrados fue un auténtico ejercicio creativo para Fu, que buscaba un espacio que pudiera evolucionar con su estilo de vida en lugar de ser meramente decorativo. El resultado es un interior minimalista en tonos neutros, en el que puede inspirarse sin límites, bien sea con su colección de arte y diseño o con las vistas de los ventanales de 5,5 metros de alto. «Por mi profesión, suelo tener en cuenta las necesidades cotidianas, según el momento del día, así que para mi casa quería volver a las bases en términos de luz, proporción y solidez de los materiales que utilizo», explica Fu, que se mudó a esta residencia en 2014.

Al viajar constantemente, Fu concibió el espacio como una base de operaciones en la que poder abstraerse. El diseñador demolió el apartamento anterior y optó por una distribución abierta para aprovechar las vistas de casi 270 grados de la bahía de Deep Water, Repulse y Middle Island. La planta baja, dividida en dos niveles, incluye una cocina, un salón y un comedor-sala de estar; los dormitorios ocupan toda la planta superior. Para asegurarse de que la arquitectura del espacio gozaba de claridad, Fu diseñó cuidadosamente las paredes de la casa para crear sensación de linealidad, manteniendo la conexión con el exterior. Su sobriedad y elegancia permiten que las piezas de arte y de diseño respiren entre ellas.

Aunque Fu no se atreve a decir que es un coleccionista, su apartamento tiene paredes blancas y suelos de parqué de roble, un estilo reservado a las galerías de arte. El diseñador invirtió mucho en madera y otros acabados, como el mármol y la piedra, para construir un refugio en el que su colección de arte y de diseño contemporáneo pueda ir rotando y utilizarse de nuevas maneras. «Quiero exponer obras de arte que rompan con el entorno, busco un arte provocador y con mucha personalidad», explica Fu. El diseñador siente predilección por la escultura y las obras de arte funcional, como la fantástica *Banquette Ginkgo*, de François-Xavier y Claude Lalanne, un banco dorado ubicado en el salón, junto a la cocina abierta. En una estantería personalizada de doble altura, dentro de la estancia más amplia, expone orgulloso objetos personales de su tío y de su abuela junto a obras de talentos locales y de reconocidos artistas y diseñadores, como Ai Weiwei, Antony Gormley, Le Corbusier y Hans Wegner.

Fu también utiliza su casa como lugar para interactuar con las piezas y prototipos de su colección André Fu Living. Con productos que van desde vajillas de porcelana hasta biombos de madera con revestimientos de Gournay, esta línea ilustra aún más la refinada visión del diseñador, su afinidad por los materiales naturales y su deseo de adaptarse a los gustos orientales y occidentales. Con esta vivienda, un refugio idílico del ajetreo y bullicio de Hong Kong, Fu sigue marcando un nuevo estándar universal de lujo y comodidad. —Stephanie Sporn

cardin
BEATON

DARRYL CARTER

WASHINGTON, D.C.

Elegante, sereno e interesante. Estos son solo algunos de los términos que podrían describir al interiorista Darryl Carter, afincado en Washington D. C. Desde 1998, cuando dejó de ejercer la abogacía y abrió su propio estudio de interiorismo, Carter, criado en Bethesda, ha llevado a cabo proyectos tan bien concebidos como imprevisibles. Sus habitaciones, siempre con un telón de fondo neutro, normalmente blanco, exhiben muebles, objetos de decoración y lámparas de todas las épocas que fascinan con sus siluetas audaces. Son espacios con un punto de vista muy peculiar.

La casa del interiorista, un adosado *beaux-arts* de 1913 de Embassy Row, albergaba la embajada de Omán antes de que la comprara en 1997. Desde entonces ha sido un auténtico hervidero de ideas para él. «La creatividad ha brotado de la casa». El interiorista no escatima esfuerzos en su incesante tarea de modificar, cambiar y rotar piezas, desde muebles y obras de arte hasta marcos de chimenea y bañeras. Para él, la búsqueda de la perfección es terapéutica. Cuando adquirió la casa, había heredado un edificio dividido en un laberinto de pequeñas habitaciones enmoquetadas en gris, muchas con falsos techos de paneles acústicos. Pero él vio todo su potencial al instante.

Antes de que la utilizara el cuerpo diplomático, la casa, de cinco plantas, había sido una elegante vivienda familiar y Carter estaba decidido a recuperar sus raíces. Prescindió de todo lo que recordara a una oficina y, cuando fue posible, remozó el suelo original de roble oculto bajo la moqueta. Se instalaron marcos nuevos en parte de las nueve chimeneas y la descomunal cocina con un buró *vintage* se remató con una estantería metálica en vez de la isla tradicional. Y, cómo no, las paredes se pintaron de blanco. Según Carter, hay toda una rueda cromática de matices de blanco. Para él, es el contrapunto perfecto para los objetos, con independencia de su antigüedad, es el color ideal para que respiren y destaquen visualmente.

En el salón, por ejemplo, las pinceladas rítmicas de un lienzo de la pintora del siglo XX Ida Kohlmeyer potencian la simetría de la estructura de un sofá cama napoleónico del siglo XIX tapizado en una tela de Loro Piana de color crema. La elevación del dintel de la cama destaca más si cabe por las esbeltas velas de los apliques de candelabros de bronce que encontró en un mercadillo de París. Cerca, las curvas arqueadas blanquecinas de una *duchess brisée* tapizada en cuero de color melocotón contrastan con las superficies rectas y satinadas de una mesita a medida (la forma clásica activa las geometrías de la contemporánea). El juego visual continúa en la antigua biblioteca de la casa, donde una obra de técnica mixta de Carter en la que unas cabezas sobresalen por encima de la chimenea está colgada junto a una silla Chippendale que perteneció a la colección de Karl Lagerfeld. «De vez en cuando me entran ganas de pintar, de crear, de esculpir. Hay piezas mías mezcladas con las numerosas obras de arte que he adquirido a lo largo de los años».

Ninguna habitación se resiste a los impulsos revisionistas de Carter, incluido el baño, que se ha sometido a múltiples iteraciones. Hubo un momento en el que, en frente de las ventanas, había dos bañeras de lado a lado, que consiguió en la antigua embajada de Rusia en Washington. Ahora solo hay una, recolocada en horizontal con vistas al Rock Creek Park y montada sobre ladrillos de mármol de Carrara pulidos. El marco de la chimenea del siglo XIX, al igual que la misma, es una nueva incorporación. El espejo dorado de estilo italiano que está colgado encima e imprime dignidad de inmediato también es nuevo, realizado por el Giannetti's Studio de Maryland. Carter suele recurrir a los espejos girándulas porque su diseño, al igual que sus espacios, resisten el paso del tiempo.
—Joan Barzilay Freund

BEN PENTREATH

LONDRES

La alegre casa londinense de Ben Pentreath, en el corazón de Bloomsbury, se basa en la idea de la reciprocidad. Al vivir desde hace tiempo en el barrio en el que se encuentra su tienda, Pentreath & Hall, el arquitecto y diseñador de interiores aprovechó la oportunidad de vivir en el histórico edificio del Art Workers' Guild, construido alrededor de 1720. Fundado en la década de 1880 por seguidores de William Morris (uno de los arquitectos favoritos de Pentreath), el gremio se trasladó a esta casa georgiana en 1914 y convirtió las plantas superiores en apartamentos. En el verano de 2012 Pentreath recibió una llamada de un amigo que trabajaba en el gremio para informarle de que la planta superior quedaba disponible. La estructura era buena, pero necesitaba una reforma integral, así que Pentreath convenció al gremio para que le dejara vivir allí durante un tiempo, sin pagar alquiler, para poder costear la reforma.

Habiendo trabajado para Catalina, la duquesa de Cambridge, Pentreath estaba cualificado para devolver su esencia al antiguo ático de la institución artística. Al principio, lo que más llamó su atención fue el espacioso salón con puertas francesas, a través de las que se puede ver Queen Square. Otro punto interesante eran los detalles artísticos y eduardianos de la casa, como la escalera original y la chimenea del salón. Unos años después, adquirió la planta de abajo, ampliando considerablemente su hogar, aunque el salón sigue siendo la atracción estrella. «Es el rincón londinense perfecto», afirma.

En contraste con su actual decoración de papel pintado, el apartamento comenzó siendo totalmente blanco. Con el tiempo, Pentreath ha utilizado la vivienda para experimentar con nuevas ideas. En todas las estancias, los patrones y estampados confluyen en una mezcla ecléctica de muebles antiguos y contemporáneos. Caracterizados por sus exuberantes y extravagantes personalidades, los objetos dispares y efímeros, de distintas épocas, conviven en cordial armonía.

En la sala de estar, las paredes, revestidas de tela de ramio gris pálido, sirven de fondo a los atrevidos elementos textiles, los tapices y los objetos decorativos. Varias piezas proceden de la tienda de Pentreath, entre ellas, un sillón verde menta y las lámparas translúcidas de color caramelo Spring de Marianna Kennedy, repartidas por toda la casa. Adornada con pilas de libros, frente a una chimenea de piedra con un marco negro de estilo japonés, hay una llamativa otomana de color coral con un ribete que imita una celosía griega en blanco y verde. Y, al lado, una silla de Hans J. Wegner. Salpicados por todas las superficies, descansan los llamativos cojines que el diseñador compró a modo de *souvenir* en Estocolmo, París y Nueva York. En el extremo opuesto del salón, se extiende una pared con veinticuatro marcos que forman el mapa de Londres y Westminster del siglo XVIII de John Rocque. La obra era suya antes de mudarse al piso, así que los marcos encajaron a la perfección en la pared por casualidad. «Si hemos creado un cliché de diseño, es uno del que estoy orgulloso», dice Pentreath. «No hay nada más bello que este mapa».

Entre la amplia colección de grabados y cuadros del diseñador, que decoran los pasillos hacia las habitaciones y el baño, hay pinturas del artista inglés Robyn Denny, grabados del siglo XVIII y un jardín de ilustraciones botánicas. «La herencia británica siempre está presente en nuestro trabajo», explica Pentreath, al igual que el amor por los estampados. En un dormitorio de invitados en la planta baja, empapelado con el diseño verde de Willow Boughs de William Morris, se exhibe una vajilla *vintage* de Wedgwood Jasperware. Cuando el marido de Pentreath, el florista Charlie McCormick, se mudó, empapelaron el dormitorio principal con un enrejado verde y blanco de Soane Britain, diseñado por su amiga Lulu Lytle. Gracias a McCormick, en el piso nunca faltan flores, que aportan aún más vitalidad y color a este carismático refugio. —Stephanie Sporn

English Stained Glass
Architecture in WOOD
THE ENGLISH GARDEN
ITALIAN GARDENS
PAUL CEZANNE
RAVILIOUS • ENGRAVINGS
BRONZE
FORNASETTI
The Complete Universe

ALEXANDRA Y MICHAEL MISCZYNSKI

LOS ÁNGELES

Nadie diría que a menos de cien metros de Sunset Boulevard (91,5 para ser exactos) existe un oasis oculto de estilo mediterráneo, repleto de cipreses italianos y olivos. Se trata de una auténtica joya del mercado inmobiliario de Los Ángeles: una construcción de la década de 1920, con vistas al legendario Chateau Marmont. Desde 2005 es el hogar familiar de los diseñadores Alexandra y Michael Misczynski, fundadores de Atelier AM en 2002. En su primera visita a la casa, les impresionó tanto su ubicación, pintoresca y cómoda, como la forma en que la luz interactúa con sus cálidos interiores. Tras casi una década y una gran reforma, los diseñadores compraron la hacienda vecina, que han convertido en un complejo de jardín, piscina y zona de entretenimiento. El resultado transmite la sensación de un *resort* íntimo que encarna la atemporalidad y la elegancia accesible, señas de identidad de la estética de Atelier AM.

Otro de sus rasgos distintivos es su especial atención a los materiales de interior, con especial énfasis en la madera recuperada. «Tiene que ver, ante todo, con la calidez de los materiales», afirma Alexandra. Respecto al «toque sosegado y delicado» de la firma, Michael añade que «aunque el espacio no estuviera amueblado, seguiría siendo cálido, un hogar». Las texturas crudas y los objetos patinados aparecen en cualquier interior diseñado por Atelier AM; no obstante, en su propio hogar, la pareja se dejó llevar por su predilección por las superficies envejecidas. El suelo de roble, por ejemplo, carece de cualquier tipo de sellado, está completamente expuesto al desgaste. «Algunas de las cosas que hemos hecho no se nos ocurriría plantearlas en los hogares de nuestros clientes», confirma Michael.

Para no robar protagonismo a las obras de arte y piezas de diseño, emplearon una paleta de colores neutros. En línea con la sutileza de Atelier AM, las paredes de toda la casa tienen un revoque de cal y se han recubierto de cera. En un principio, los diseñadores quisieron usar un blanco nítido, pero el tono terroso y natural del revoque los conquistó en la fase de construcción. «Nos enamoró su honestidad», dice Michael. El modo en que incide la luz hace que las paredes adquieran suaves tonos grises y beis, lo que añade profundidad a los diferentes espacios.

Una de las zonas más acogedoras es el salón, donde tintes de un berenjena pálido y granate apagado se integran a la perfección. La mayoría de los objetos de las habitaciones no se han restaurado, mostrando así su historia y alma. Esto concuerda, de nuevo, con su aprecio por la edad. «Al combinarlos con suelos de madera sin tratar y la sencillez de la moqueta y la tapicería, te sientes a gusto con estos objetos "importantes". No les damos excesivo peso», asegura Michael. Entre las piezas de diseño del siglo XX se encuentran una lámpara de yeso blanco única de Diego Giacometti, una mesa auxiliar de inspiración botánica de Claude Lalanne y un par de sillas lacadas de Jean Dunand desparejadas. En cuanto a sus obras de arte abstracto, los artistas van desde Joan Mitchell hasta Tsuyoshi Maekawa. Dos de los muebles más antiguos de la sala son la mesa de fumador de hierro negro de Pierre Chareau y una consola francesa del siglo XVIII de Axel Vervoordt. Por el resto de la casa se puede encontrar toda una serie de antigüedades: en la cocina, los elementos más destacados son un apreciado armario de madera del siglo XIX y una mesa italiana del siglo XVII.

Aunque los usos de las habitaciones han cambiado a medida que los hijos de la pareja han ido creciendo, los interiores y el contenido de estos espacios han permanecido casi inmutables como muestra de su atemporalidad, durabilidad y capacidad de evocar sentimientos. Muchos clientes se sorprenden de que aquí hayan vivido dos niños pequeños y un perro. Por otro lado, la adición de la propiedad vecina ha transformado la forma en que los Misczynski disfrutan de su residencia. Desde la pérgola inspirada en la finca Castiglion del Bosco (el lugar de vacaciones favorito de la familia, ubicado en la Toscana) y la casa de la piscina, donde padres e hijos pueden tener su momento zen, hasta los espacios interiores, también tranquilos y orgánicos, el complejo de West Hollywood de los Misczynski es tan personal como intencionado.
—Stephanie Sporn

PALOMA CONTRERAS

HOUSTON

Desde 2007 los proyectos de interiorismo de Paloma Contreras tienen una legión de seguidores gracias a su blog *La Dolce Vita*. Presentado en 2007, su blog se ha convertido en una empresa de diseño internacional con todas las letras. Femenina sin resultar cursi ni recargada, la interiorista hace gala de un estilo moderno, pero tradicional, protagonizado por murales chinescos, toques metálicos y aterciopelados y un perfecto equilibrio entre arte y diseño que abarca varios siglos. Su casa de Houston, de tres plantas, donde vive su familia desde 2016, refleja estas señas de identidad estilísticas, pero también ofrece diversas sorpresas.

Situada en el distrito de los museos de Houston, donde viven muchos de sus clientes, la casa sedujo a la interiorista principalmente por la arquitectura del salón. Decidió conservar las molduras, la carpintería decorativa y los ventanales y se centró en renovar la decoración a partir del ambiente parisino del espacio. Para empezar, utilizó una paleta cromática fresca y depurada. «Prefiero un planteamiento más minimalista para mi espacio personal, pero en algunas zonas hemos hecho cosas atrevidas». Por ejemplo, como en el recibidor no había espacio en las paredes, se forró el techo con papel pintado estucado, mientras que una alfombra con estampado de leopardo viste el suelo del despacho.

Con el tiempo, también ha redecorado las paredes de los dormitorios. La habitación de su hija está empapelada con papel pintado beis craquelado de Iksel con pájaros cerúleos y ramas floridas. Con un paisaje de ensueño inspirado en el papel pintado de la habitación de la reina Victoria en el Royal Pavilion de Brighton, el papel era femenino sin ser juvenil, en esencia un deleite visual también para la madre. Su dormitorio tal vez sea el espacio donde más arriesga. La interiorista optó por un papel de muaré de seda marrón chocolate que constituye un fondo cálido para el toque cetrino, fucsia y turquesa del mobiliario. «A muchos clientes no les gusta el marrón, pero a mí me encanta. Es suntuoso y atemporal», asegura. Esta elegante habitación es un buen ejemplo del potencial infravalorado de este color.

Un espacio destacado de la residencia de Contreras es el comedor, donde nueve obras de técnica mixta que encargó a la artista Jane Timberlake Cooper, afincada en Alabama, conforman un telón de fondo contemporáneo. En un principio, la interiorista colgó paneles chinescos en la pared, pero al final optó por una estética fresca que resultara llamativa y delicada a la vez. Los marcos dorados complementan la araña de estilo antiguo que cuelga sobre una mesa de roble y las sillas de André Arbus de la década de 1930 que encontró en un mercadillo parisino.

No faltan las antigüedades y la cerámica francesas en la casa de esta francófila declarada, aunque, como queda patente en el comedor, el arte abstracto confiere atemporalidad a la decoración. En el dormitorio cuelga un lienzo de Alexis Walter, la artista de Nueva Orleans que colabora asiduamente con Contreras y cuya obra está presente en la tienda de Houston de la interiorista, Paloma & Co. En las estanterías integradas en la pared destacan varias piezas pequeñas de artistas emergentes de Estados Unidos, como Catherine Booker Jones y Kayce Hughes, así como la colección de libros y objetos de diseño, arte y moda que ha ido adquiriendo en sus viajes. Allí, desde sus sofás de terciopelo verde, su color insignia, Contreras se sumerge en su propia *dolce vita*. —Stephanie Sporn

CARLOS MOTA
Oscar de la Renta
HAMPTONS GARDENS
MARIO BUATTA
CHIC STAYS

LOS COTSWOLDS

Considerado uno de los diseñadores arquitectónicos más influyentes de su generación, John Pawson ha tenido una prolífica carrera en varios continentes y disciplinas. Desde que abrió su estudio de diseño en 1981, su análisis riguroso de la luz y el espacio ha transformado residencias privadas, yates, hoteles e instituciones culturales destacadas a nivel mundial, como el Museo del Diseño de Londres. Pero también ha llevado su meticulosa sencillez a los tejidos, las vajillas e incluso a un cuchillo de carne con mango de ébano.

Pawson se encoge de hombros al sugerirle que la variedad en su obra es premeditada y no parece amedrentarse ante ningún nuevo reto, ni siquiera cuando los monjes cistercienses le encargaron diseñar un complejo monástico en un apacible rincón de Bohemia (República Checa), con iglesia, dormitorios, refectorio, enfermería y sala de manuscritos. «Para mí todo es arquitectura, ya sean cuchillos, tenedores, cacerolas o monasterios», afirma. En 2019 la reina Isabel II le otorgó el título de Comandante de la Orden del Imperio Británico (CBE) por sus servicios al diseño y la arquitectura.

Este londinense era reacio a comprar una segunda vivienda en la campiña inglesa cuando se lo sugirió su esposa, la diseñadora de interiores Catherine Pawson. «Catherine es mucho más modesta que yo y solo quería una casa de campo que estuviera lista para entrar», recuerda Pawson. Mientras buscaban, ella le mostró varias «granjas y casas de campo en mal estado» como ejemplo de lo que no debían comprar, pero él no tardó en ver su potencial. En 2013 adquirieron Home Farm —que incluía una casa de campo del siglo XVII, dos graneros del siglo XVIII, cabañas y un almacén, así como 9,7 hectáreas de antiguos terrenos agrícolas— y dedicaron los dos años siguientes a decidir qué hacer con todo eso.

Lo principal para Pawson era mostrar la belleza de la estructura original de Home Farm. Con ayuda de los proyectistas, que también querían evitar una chapuza, cerró la separación entre la granja y el granero para ampliar el espacio casi 50 metros. «El objetivo siempre fue tener una casa familiar muy acogedora, con estancias para reunirse y lugares para descansar», dice Pawson. «Los volúmenes de las habitaciones de la granja original y el granero son muy diferentes, pero la coherencia en términos de luz, superficie, textura, color, proporción y dinamismo da sensación de continuidad».

Durante los tres años que duró la reforma, se cambiaron las pesadas puertas del granero por cristaleras, se instalaron suelos de hormigón y se utilizó olmo europeo para los suelos de las habitaciones, los paneles y los muebles. Apenas hay mobiliario en las veintiocho habitaciones, aunque Pawson dio su brazo a torcer en algo ante la insistencia de Catherine: las cortinas. «Son de lana hervida y sin teñir, así que son lo más natural posible», explica sobre el primer par de cortinas que ha permitido en una casa.

Aunque a menudo se le califica de minimalista, Pawson cree que tal afirmación tiene muchos matices. Al igual que el artista Donald Judd, cuyas sobrias esculturas desempeñaron un papel clave en este movimiento, Pawson considera su obra más bien como una búsqueda de lo esencial. En Home Farm, este enfoque reduccionista ha dado lugar a una casa donde lo contemporáneo y lo histórico pueden coexistir cómodamente. «La gente piensa que lo que hago es muy austero, que no es nada del otro mundo y otros clichés», dice, «pero supongo que procuro analizar todo al detalle. Intento hacer todo lo mejor posible, sin que sobre ni falte nada». —Pip Usher

ROBIN STANDEFER Y STEPHEN ALESCH

MONTAUK, NUEVA YORK

Robin Standefer y Stephen Alesch siempre quisieron tener una granja junto al mar. Cuando los fundadores del estudio de diseño Roman and Williams, que llevaban mucho tiempo viviendo en Manhattan, adquirieron la casa de Montauk en 2006 no imaginaban lo inspiradora y gratificante que les resultaría la vida rural. De hecho, han convertido este espacio en su residencia principal, transformando paulatinamente la vivienda. En 2016 adquirieron la casa adyacente para convertirla en un taller de carpintería y cerámica. El resultado es un centro creativo que les permite cultivar sus grandes pasiones y descubrir otras nuevas.

La propiedad se encuentra a unos trescientos metros del océano y tiene más de 1,2 hectáreas de extensión, espacio más que suficiente para un espléndido jardín. Con una exuberante vegetación silvestre entre grupos de hortensias, narcisos y otras coloridas flores, el paisaje adquiere un cierto aire impresionista. Aunque Roman and Williams, fundado en 2002, es conocido por sus hoteles y espacios comerciales modernos y adaptados a su contexto en metrópolis como Nueva York y Londres, la casa de Montauk, sin embargo, es de expresión más contenida y natural. Los diseñadores, que la han bautizado como Seaside Studios, tienen una conexión íntima con la naturaleza, que se aprecia en su apuesta por la vida abierta al exterior, presente en todas las habitaciones.

Cuando Standefer y Alesch compraron el edificio, construido en la década de 1950 y con un añadido de la década de 1980, estaba muy deteriorado. La pareja, que siente gran admiración por la antigua arquitectura rural de Nueva Inglaterra, lo dotaron en la reforma de un aire colonial acorde con su ubicación. «Una de las ideas que nos mueve en Roman and Williams es la de crear algo fluido, lo que no implica necesariamente una restauración, sino diseñar algo que dé la sensación de haber estado siempre ahí», explica Standefer. Para lograr la cohesión arquitectónica de la casa y que transmitiera grandiosidad y sinergia con el paisaje, incluyeron un buen número de ventanas y puertas de gran tamaño. Un rasgo característico de la estética de Roman and Williams es su preferencia por los revestimientos de madera en las paredes, en lugar de placas de yeso. «La casa de Montauk tiene algo que hace que te sientas como si estuvieras de acampada», afirma Standefer, que optó por techos de madera a dos aguas que exponen la infraestructura de la casa en sus zonas comunes. «Su aire inacabado e imperfecto nos encanta, es una oportunidad para la creatividad».

El mejor ejemplo del espíritu bohemio de la casa es el estudio, un auténtico país de las maravillas en el que los objetos más curiosos se mezclan con otros de diseño de gran relevancia. En las paredes figuran diferentes paisajes marinos, algunos pintados por el propio Alesch. Las superficies están repletas de objetos procedentes del jardín y la playa circundantes, como un omóplato de ballena, o traídos de muy lejos, como una vaina de cacao africano. En el espacio también encontramos arte y antigüedades, así como múltiples piezas diseñadas por Standefer y Alesch, entre las que se incluyen la lámpara de madera geométrica que cuelga sobre su mesa de centro Hub. La mayoría de los prototipos de Roman and Williams Guild, la valorada línea de objetos decorativos y mobiliario de los diseñadores, se crean en la casa de Montauk.

El dormitorio principal está pintado de un azul intenso, aportando una dosis de color que complementa la paleta de marrones y grises de todo el recinto. Standefer afirma que le hace sentirse como si durmiera dentro de una ballena. Aquí apenas hay obras de arte para que la atención se centre en las vistas y en la cama, que parece un altar, y está revestida con magníficas telas y pieles de Roman and Williams Guild. Ninguno de los espacios de su hogar está completo si faltan las flores recién cortadas. «Jamás imaginé que tendríamos un lugar que significara tantas cosas para nosotros: es un laboratorio, un refugio, un lugar de encuentro», afirma Standefer. «Me siento enormemente agradecida y conectada con todo lo que hemos conseguido en Montauk». —Stephanie Sporn

50
SS

EMILIANO SALCI (DIMORESTUDIO)

MILÁN

Cuando Emiliano Salci decidió buscar un apartamento propio en Milán, tenía muy claro que quería que estuviera en el barrio de Porta Venezia. «Es una zona antigua y clásica, con palacios preciosos y pequeñas tiendas, en la que puedes encontrar una carnicería o una frutería, hay señoras impecablemente vestidas y la gente es encantadora», afirma el director creativo y cofundador de la empresa de arquitectura y diseño Dimorestudio. «Es un barrio con vida y ni demasiado viejo ni demasiado joven». Resulta muy comprensible que Salci, con una capacidad excepcional para crear interiores futuristas e impregnados de historia, se sintiera atraído por esta zona a la hora de diseñar un hogar en el que iniciar una nueva etapa de su vida.

Antes de vivir en este apartamento, Salci compartía piso con Britt Moran, la otra mitad de Dimorestudio; así fue desde mediados de la década de 1990. Su mudanza coincidió con el confinamiento por la COVID-19, un momento inoportuno, aunque nadie lo diría al ver el resultado final. Este sugerente apartamento situado en la planta baja de un edificio de la década de 1940, con vistas a un exuberante jardín lleno de palmeras no necesitó una reforma. El diseñador prefirió centrarse en la decoración: pintó las paredes de colores llamativos y optó por una mezcla de muebles y telas de su línea Dimoremilano, así como por piezas *vintage*.

Los interiores de Dimorestudio se caracterizan por emplear gamas de color peculiares, a menudo en tenues tonos joya. Los diseños de sus proyectos, que van desde *boutiques* de moda y restaurantes hasta hoteles y residencias privadas, emiten un resplandor ámbar que confiere teatralidad y sensualidad de salón a los espacios, revestidos de suntuosos terciopelos y satenes brillantes. Cuentan asimismo con lámparas efectistas que aportan una calidez nocturna y es que, aunque sean espacios radiantes durante el día, cobran vida por la noche. Salci adoptó este mismo enfoque en su casa, donde optó por tonos cálidos como el marrón, el avellana, el ocre o el naranja polvoriento.

En el recibidor y el estudio, la alfombra con estampado de leopardo de Dimoremilano es una muestra del gusto del diseñador por la geometría y los patrones atrevidos. Como en Dimoregallery, la sala de exposiciones de la firma en Milán, los diseños más modernos y las antigüedades conviven y establecen un diálogo que abarca diferentes continentes y épocas. La pared del vestíbulo proporciona un telón de fondo naranja a una mesa de caoba ovalada de George Nelson, flanqueada por sendos sillones de Piero Portaluppi con cojines verde esmeralda, situados debajo de dos cuadros de emperadores chinos del siglo XIX. Tanto ahí como en el salón principal hay apliques y una lámpara esférica del arquitecto y diseñador italiano Ignazio Gardella. Salci considera que el salón, repleto de mesas, obras de arte e innumerables objetos, es «la habitación más bonita de la casa». Aunque se sirvió de su vasta colección para amueblar el apartamento, compró el sofá Fiandra *vintage*, de Vico Magistretti, específicamente para este espacio. Esta pieza de terciopelo azul marino es el contrapunto visual perfecto a los tonos cálidos de la alfombra turca, la mesa de cóctel Dimoremilano y la librería de Giulio Zappa, que alberga desde colecciones de jarrones chinos hasta candelabros antiguos de Enrico Castellani.

El despacho cuenta con mobiliario *vintage*, como el sofá cama de Tobia Scarpa, cubierto con una tela enrejada de Dimoremilano, una estantería de pared de Jean Prouvé, un candelabro de Serge Mouille y un taburete de Eero Saarinen. En la pared cuelga un tríptico de la Virgen con el Niño. Y la iconografía religiosa también está presente en el dormitorio: representaciones metálicas de personajes bíblicos se agrupan junto a una cama *vintage* de Luciano Frigerio. Salci también ha creado un vestidor con un armario enmarcado por cortinas de raso morado de Dimoremilano. «El diseño se basa en las emociones, en lo que la casa te transmite en un primer momento», asegura Salci. En el caso de su hogar, la impresión inicial, y que perdura, es la de que tiene un estilo inigualable, atrevido y sensual. —Stephanie Sporn

MAFALDA MUÑOZ Y GONZALO MACHADO

MADRID

Mafalda Muñoz y Gonzalo Machado, los diseñadores del estudio de interiorismo Casa Muñoz, conciben cada habitación como una sala de estar. En su casa madrileña, la pareja, que fundó su empresa en 2014, ha enmoquetado hasta el baño para dotar de mayor calidez y confort a un espacio que suele ser austero. Casa Muñoz no se adscribe a un único estilo, sino que ha logrado notoriedad gracias a sus interiores atemporales creados con la mirada de un galerista: ellos también regentan un espacio de arte contemporáneo en la ciudad. Su imaginación ha alcanzado la plenitud en el hogar familiar, en el que viven desde el otoño de 2020. La casa transmite sofisticación, pero también es el lugar por el que corretean sus hijos, donde sus amigos acuden a relajarse y donde sus clientes pueden ver de primera mano la tendencia a la personalización de Casa Muñoz y su devoción por el arte y la historia del diseño.

Muñoz y Machado ocupan la primera planta de un edificio construido en el siglo XVIII y reformado en el XIX, lo que dio lugar a su actual miscelánea de estilos. Los diseñadores se inspiraron en la arquitectura existente y, siempre que fue posible, conservaron las molduras y los suelos. «Para mantener el alma de la casa, hemos dejado elementos que le imprimen una sensación de permanencia», explica Machado. Cuando no lograron rescatar algunos detalles, reprodujeron versiones un poco menos ornamentadas para acercar sutilmente la casa a la época contemporánea. La relación de Mafalda con el diseño de muebles viene de lejos, pues es la hija del ya fallecido Paco Muñoz, reputado interiorista y fundador de las empresas de decoración Casa y Jardín y Darro. En la actualidad, Casa Muñoz trabaja con los tapiceros, ebanistas y artesanos que ya colaboraban con su padre.

Muñoz y Machado son fervientes defensores del arte y el diseño españoles. En su casa, un sinfín de obras representativas dan muestra de ello. Por ejemplo, en el salón tienen dos sillones de cuero del arquitecto Javier Carvajal, que diseñó el pabellón de España de la Feria Mundial de Nueva York de 1964-1965. Aunque tienden a emplear tonos naturales y neutros, estas sillas prueban su aprecio por los tonos tostados, como el canela y el terracota, que se han convertido en un sello del estudio. El espacio también incluye piezas de artistas españoles, como una mesa de Mariano Fortuny, un cuadro geométrico de color verde esmeralda de Antonio Ballester Moreno y un móvil de Aurelia Muñoz, una artista textil pionera. Un lienzo de la artista española Esther Ferrer se expone en un soporte del decorador y marchante de arte francés Alain Demachy. «Nos encanta cómo tratan el diseño de interiores los franceses», afirma Muñoz. «En España todavía no hemos aprendido a reconocer, como hacen en Francia, la grandeza de nuestros fabricantes y artesanos; es lo que nosotros intentamos hacer con los equipos con los que trabajamos».

Con el apoyo de sus artesanos de confianza, Muñoz y Machado asumieron riesgos creativos, como el acabado de piezas de diseño importantes en materiales inesperados. Encontramos un ejemplo perfecto en el dormitorio, donde retapizaron un sillón de Joe Colombo con piel de oveja. Su gusto por las combinaciones sorprendentes también se aprecia en la mezcla ecléctica de objetos antiguos y contemporáneos. En el dormitorio únicamente se conserva el delicado techo, que pierde protagonismo ante la espectacular chimenea metálica. Enriquecen el conjunto reliquias familiares y una mezcla de antigüedades, como bustos del siglo XVII de obispos italianos, un escritorio de la Secesión de Viena y una silla de Josef Hoffmann. «Nuestro estilo suele ser mucho más depurado», explica Machado. «Pero este proyecto es muy personal, así que nos hemos permitido mezclar objetos porque tenemos una conexión especial con ellos; es lo que tratamos de concebir para nuestros clientes». La sensibilidad de galeristas de Casa Muñoz es la que consigue que esta amalgama de elementos aparentemente dispares conviertan la casa en una verdadera obra de arte.
—Stephanie Sporn

CHARLOTTE MOSS

NUEVA YORK

Criada en una casa tradicional de Virginia, lo único que deseaba esta interiorista, afincada en Nueva York, cuando se mudó al norte era una casa con jardín. Hace veinte años su sueño se hizo realidad con una casa de piedra rojiza de cinco plantas y media de la década de 1920 del Upper East Side. «Cuando me mudé dije que tendrían que sacarme de aquí con los pies por delante. Pienso quedarme mientras pueda subir y bajar estas escaleras», asegura. En las últimas dos décadas, la interiorista y su marido han hecho suyo cada centímetro de la casa de piedra rojiza, igual que sus perros, para los que no faltan rincones acogedores y lugares para encaramarse.

Además del amplio jardín, al que Moss añadió una chimenea de gas y unos bancos, la interiorista quedó prendada de la escalera helicoidal de la casa. Con un tragaluz en la sexta planta, la luz, todo un lujo en Manhattan, inunda la casa. Pero la escalera también representaba sus raíces sureñas. Nacido en la misma ciudad que ella, el arquitecto William Lawrence Bottomley era célebre por las escaleras helicoidales de su arquitectura doméstica. Al entrar en la casa, Moss se quedó de piedra: «Dije, "Dios mío, voy a tener una escalera de Bottomley para mí sola"».

Con este elemento arquitectónico intacto, intervino en el resto de la vivienda, comenzando básicamente desde cero, y dio prioridad a la incorporación de no una, sino dos bibliotecas. «Necesitaba una biblioteca para mis libros de arquitectura y diseño y luego construí otra en mi estudio para mis libros de historia social y moda», y aclara que usa este segundo espacio para hacer *collages* y libros de recortes y escribir cartas. Las bibliotecas también albergan su colección de arte que, al igual que en muchas de las casas de sus clientes, está colgada como en una exposición. En la biblioteca principal hay acuarelas, pinturas y fotografías de interiorismo, como en las señoriales residencias de la actriz e interiorista Elsie de Wolfe y el marchante de arte británico Joseph Duveen. Un elemento clave de la habitación de tonos rojos es la colección de revistas *Vogue* y *Harper's Bazaar*, publicadas a lo largo de cincuenta años, que su marido mandó encuadernar en piel como regalo. El otro estudio, en el que abundan las fotografías y las ilustraciones de moda, refleja su gusto por los colores pastel, los motivos florales y los toques femeninos. La alfombra Wilton personalizada de STARK, las cortinas de Pierre Frey y el papel pintado a mano de James Alan Smith se complementan en una combinación armoniosa de motivos azul turquesa y blanco. Mientras que estos detalles transmiten una sensación formal, los libros apilados de cualquier manera en el suelo contribuyen al aire de sofisticación relajada, una contraposición que Moss domina a la perfección.

En el dormitorio principal, la paleta de azul, blanco y rosa se consigue con una tela de Manuel Canovas que envuelve las paredes, las ventanas y parte de la cama. En la *lit à la polonaise* de estilo Luis XVI hay ropa de cama de D. Porthault y Leontine, «imprescindibles» para Moss, en cuyos proyectos de interiorismo no faltan las superficies afelpadas y tapizadas. Los dibujos y las acuarelas de mujeres se unen a las fotos familiares puestas en un *abattant* francés que hace las veces de mesilla de noche.

Fanática de las antigüedades, Moss se siente cada vez más atraída por los muebles de líneas más puras, como los estilos Luis XVI, Imperio y Directorio. Para ella, el aspecto más importante del interiorismo es personalizar al máximo cada proyecto, y en su propia casa esto significa que en todas las habitaciones rezuma la pasión de una coleccionista que no deja de hacer nuevas adquisiciones. Algunos de los objetos más preciados son una colección de quemadores de perfume de bronce del siglo XIX y principios del XX y una foto de Rodgers y Hammerstein con la inolvidable letra de *Oklahoma!*: «Oh, what a beautiful morning, Oh, what a beautiful day». Sin duda, en casa de Moss estas palabras suenan a diario mientras baila el vals por el maravilloso refugio que ha creado para sus amigos de dos y cuatro patas. —Stephanie Sporn

Sassoon

DAVID THULSTRUP

COPENHAGUE

David Thulstrup es el máximo exponente del diseño escandinavo. Desde que fundó su estudio homónimo en 2009, este prestigioso arquitecto e interiorista ha trabajado en proyectos con una notable identidad local, como Noma, el restaurante con tres estrellas Michelin que impulsó el movimiento gastronómico New Nordic. Sin embargo, el minimalismo que caracteriza a Thulstrup es indisociable de su deseo de introducir notas de contraste que sorprendan. «Muchos de mis proyectos intentan cuestionar la forma de ver el estilo de vida escandinavo».

Cuando Thulstrup y su pareja compraron su primer hogar juntos en 2018, este se convirtió en un «laboratorio de diseño» en el que podían experimentar con la luz, la materialidad y la interacción entre espacios. Situado en un quinto piso, el apartamento era de una anciana que lo había mantenido intacto durante décadas y contaba con un largo pasillo con una serie de habitaciones diminutas a cada lado. En medio de la penumbra, Thulstrup descubrió un punto fuerte: una generosa cantidad de ventanas por las que entraba luz de la mañana a la tarde. Tras estudiar la planta del apartamento, lo reconfiguró en un espacio fluido que unía cuatro ventanas juntas en la zona de estar central, inundándola de luz. «Quería borrar la sensación de entrar en una habitación», dice Thulstrup sobre su decisión de eliminar las divisiones habituales entre las distintas zonas de estar.

Después despojó las paredes del estucado superfluo y las pintó con pintura blanca mate. «Es un edificio de clase trabajadora y quería respetar esta sencillez», explica. Fiel a su estilo, añadió varios elementos para compensar el aspecto sencillo y moderno: las tarimas originales de pino en homenaje a los orígenes del apartamento en la década de 1920 y los frontales de los armarios de aluminio pulido a mano diseñados por Thulstrup en colaboración con la empresa danesa Reform del pasillo y la cocina.

Decorado austeramente con unas pocas piezas bien elegidas, el apartamento es una cuidadosa selección de los gustos y aficiones de Thulstrup. Durante las temporadas que vivió en París y Nueva York adquirió la mezcla de muebles que suelen conllevar un estilo de vida internacional y unos medios limitados. Cuando finalmente se instaló en su nueva casa, fue una oportunidad para empezar de cero con más autenticidad. «Queríamos olvidarnos de lo que vas acumulando en tu vida, pero que no tiene nada que ver contigo», dice, refiriéndose al proceso de poner orden a lo Marie Kondo, en el que vendieron o regalaron muchas de sus pertenencias.

En su lugar, Thulstrup introdujo una selección de sus creaciones. Están las sillas de comedor redondas Font y los taburetes de piel que diseñó para Møbel Copenhagen, así como una mesa de comedor de tres patas a medida en acero ennegrecido que Thulstrup bosquejó inspirado en los platos elipsoides de su querida colección de porcelana Blå Eld de Hertha Bengtsson. En el salón, enfrente de dos sillones Font de piel rizada de oveja marrón chocolate hay un sofá que diseñó para la firma de mobiliario danesa Common Seating, tapizado en un tono más claro con piel de oveja color caramelo.

La casa refleja la filosofía de Thulstrup y su evolución. «Me siento privilegiado por poder trabajar en lo que me obsesiona. No tengo la necesidad de tener un montón de cosas y eso está muy bien». —Pip Usher

ARADIA

SHEILA BRIDGES

NUEVA YORK

Llamado así por la forma que solían tener las habitaciones en el siglo XVIII, del color Oval Room Blue de Farrow & Ball se dice que imprime «un sutil toque envejecido». Con esta connotación tan majestuosa, la tonalidad es muy apropiada para las paredes del salón de la casa de Sheila Bridges en Harlem. Desde que se mudó al apartamento de tres habitaciones a mediados de 1990, la interiorista, que se refiere a sí misma, con acierto, como una «chica Harlem Toile», ha cultivado su estilo propio: una visión refrescante del diseño clásico que es única y atemporal.

Bridges siempre había querido residir en Harlem, un barrio conocido por las contribuciones artísticas de destacados residentes afroamericanos. Cuando surgió la oportunidad de vivir en el mismo complejo de apartamentos que su amiga, Bridges se mudó al barrio y no se arrepiente. Además, su nueva casa, un notable edificio de estilo renacentista italiano, tiene un pedigrí impresionante. Conocido como Graham Court, lo construyó el legendario estudio de arquitectura Clinton and Russell para la familia Astor en 1901. En una época más actual, el apartamento de Bridges sirvió de set de rodaje de películas como *Jungle Fever* de Spike Lee, de 1991.

Amante de la arquitectura clásica, Bridges se enamoró de la infinidad de detalles originales de la casa, incluidas las chimeneas, los paneles de caoba, los medallones de yeso del techo, el suelo de mosaico del vestíbulo y las vitrinas de plomo y cristal donde guarda la vajilla de porcelana. Con techos altos y mucha luz natural, el apartamento parecía una casa de verdad (toda una rareza en Nueva York), algo que la interiorista nacida en Filadelfia apreciaba porque se había criado en una.

Viendo la casa de Bridges, rebosante de estampados y personalidad, cuesta creer que cuando se mudó la pintara toda de blanco. «Llevaba poco tiempo en la profesión y todavía no me sentía segura para dar el salto al color», reconoce Bridges. «A medida que pasan los años hay cada vez más color». Actualmente, su casa sigue mayormente una paleta aguamarina y verde manzana Granny Smith. «Si hay algo que me encanta de mi apartamento es que se ha convertido en mi laboratorio para experimentar y asumir riesgos que no puedo permitirme cuando estoy trabajando en casa de un cliente».

Además del color, una de las decisiones más audaces la tomó en la habitación de invitados, donde las paredes están adornadas con sus citas literarias favoritas, desde Dr. Seuss hasta Langston Hughes. El planteamiento singular de las paredes se repite en toda la casa, como en el dormitorio principal, donde se pintó un diseño de damasco como si fuera papel pintado. En el despacho de Bridges se observa un efecto similar: las paredes se pintaron con franjas blancas, grises, azul marino y naranjas con la ayuda de un amigo que trabaja en Pintura Studio. La silla de escritorio está tapizada con la tela Harlem Toile de Bridges, que juega con las tradicionales narrativas francesas *toile de Jouy* de finales del siglo XVIII para obtener unas imágenes que «parodian algunos de los estereotipos profundamente arraigados en la experiencia afroamericana». Muestra del talento y la originalidad de Bridges, el diseño forma parte de la colección de papeles pintados del Cooper Hewitt, Smithsonian Design Museum de Nueva York.

La colección de arte y diseño de Bridges es ecléctica, variada y muy personal. En el salón, un reloj de pie del siglo XVIII y un antiguo escritorio francés pintado conviven con obras de arte marginal y retratos de artistas afroamericanos. Los asientos formales forrados de seda están emparejados con una mesa marroquí de incrustaciones de madreperla y unas vasijas birmanas, solo algunos de los tesoros adquiridos en sus viajes. Su admiración por la estética internacional queda patente también en los espejos de cristal veneciano y el mobiliario gustaviano. A su vez, es fundamental rendir homenaje a su legado. «En mi casa todo gira en torno a mi espacio, mi historia y el espacio de refleja quién soy», dice Bridges sobre las fotografías familiares y las numerosas obras de arte que estaban colgadas en casa de sus padres y que ahora están en la suya. Como su estampado Harlem Toile, la casa de Bridges es un compendio de estilo y esencia donde, cuanto más se observa, más historias se descubren. —Stephanie Sporn

TOM SCHEERER

ISLA GRAN ÁBACO

El interiorista neoyorquino Tom Scheerer está muy versado en el lenguaje de los espacios de lujo y todo lo necesario para crearlos. Sus habitaciones destacan por su interpretación refinada y mundana de los espacios elegantes, pero cuando tuvo que diseñar su propio refugio tropical en la isla Gran Ábaco, en las Bahamas, se desmarcó de los excesos de las segundas residencias que conllevan sus proyectos profesionales y apostó por una estética sobria que se deleita en la sencillez. «Siento cierto orgullo de no necesitar cosas que mis clientes no paran de pedirme, como espacio en el armario, espacio en la encimera y dos lavavajillas. Todo eso me parece una carga, sobre todo en los trópicos, donde quieres que las cosas sean lo más sencillas posible».

Scheerer, que fundó su estudio de interiorismo en 1995, sabe muy bien lo que es vivir en una isla. Ha realizado infinidad de proyectos, desde el Lyford Cay Club hasta residencias en Antigua, y fue propietario de dos casas del siglo XIX en la vecina isla Harbor antes de comprar el terreno de Ábaco en 2012. Se fijó en la capacidad de resistencia de las casas de la isla (que resisten los vendavales y las arenas del tiempo, literal y metafóricamente hablando) y aplicó estas observaciones cuando planificó su delicado recinto junto a la playa.

Dibujado al principio en una servilleta de papel, el diseño consta de un complejo de seis pabellones bajos de hormigón armado, que parecen cubos de madera de juguete, agrupados alrededor de una serie entrelazada de patios y terrazas. Diseñadas teniendo en cuenta las temperaturas abrasadoras y los vientos huracanados, las estructuras incorporan tejados gruesos a cuatro aguas, un elemento arquitectónico típico de las Bahamas, y suelos de solado de cemento que Scheerer personalizó en un terrazo casero con arena de playa, trozos de conchas y vidrios marinos. El material no solo no se deforma, sino que además camufla la arena que llega de la playa. Scheerer encargó ventanas con persianas incorporadas construidas y enviadas desde la India. Desprovistas de componentes metálicos que se oxiden, se encajaron fácilmente en los marcos de las ventanas y se sellaron bien. Los azulejos de cemento encáustico con motivos gráficos azules y verdes de la cocina son un diseño de Scheerer, elegantes y resistentes a la vez.

El credo de bajo mantenimiento del interiorista se mantuvo en la elección del blanco como único color de la pintura (tanto en el interior como en el exterior) y la teca como el único tipo de madera, elegida por sus propiedades contra la podredumbre y los insectos. Para optimizar los espacios (y la vida relajada que supuestamente se disfruta en los mismos), los únicos armarios de la casa de 167 metros cuadrados están en el baño principal. «No hay ningún lugar adonde ir ni ningún lugar para el que arreglarse. Me pongo el bañador por la mañana y a veces no me lo quito en todo el día, y espero que mis invitados hagan lo mismo».

Los sofás cubiertos con fundas de fácil limpieza son el punto de referencia del salón. Al ser bajos, permiten disfrutar de las vistas del mar sin obstáculos. En una pared, un farolillo enmarcado de Isamu Noguchi se expone como un kimono japonés; su forma aplanada es una divertida referencia al sol y las conchas del exterior. En el comedor destacan la mesa Tulip de Eero Saarinen rodeada de unas sillas de mimbre danesas elegidas por su elegancia atemporal y durabilidad. Sobre la mesa, la silueta zoomorfa de un ventilador de techo de tres aspas armoniza con los cuernos de kudú africano colgados sobre la chimenea, que Scheerer enciende las noches frías. Para cocinar hay una pequeña parrilla en el suelo, igual que en sus antiguas casas de la isla Harbor. «He prestado atención a las cosas que realmente me importan: el tiempo, las vistas y la experiencia de moverme de habitación en habitación, cosas esenciales para la arquitectura», asegura Scheerer. «Lo demás es secundario». —Joan Barzilay Freund

BIARRITZ

«Intento imprimir buen gusto a todo lo que hago, incluso a una pequeña cabaña como esta», afirma Isabel López-Quesada, la interiorista madrileña que cuenta con seguidores en todo el mundo por su estética funcional pero sofisticada. Desde que montó su primer negocio a los veinte años, López-Quesada ha puesto su toque de buen gusto a residencias privadas de capitales europeas, complejos turísticos de lujo y la embajada española en Tokio. Sin embargo, ningún espacio la representa tanto como la antigua granja de faisanes situada en el País Vasco francés que compró y transformó en 2005 en una rústica casa de invitados. «Mi familia dice que es mi obra maestra», confiesa.

Nacida en el seno de una familia de banqueros, López-Quesada se crio en un mundo que no se tomaba muy en serio su vocación. En una entrevista para *Architectural Digest* en 2017 dijo: «En la década de 1980, en España se pensaba que el interiorismo era lo que hacían las chicas ricas antes de casarse». Para López-Quesada, sin embargo, era mucho más que algo pasajero. Cuatro décadas e incontables encargos después, ha perfeccionado una filosofía que fusiona un estilo ambicioso con un conocimiento profundo de los aspectos prácticos. «Lo que hago siempre es real. No hago casas que no se utilicen, lugares en los que no te sentarías ni comedores en los que no comerías», explica.

Situada cerca de la ciudad costera de Biarritz, su casa de campo sirve de lugar de reunión para su numerosa familia mediterránea. Con seis hermanas y tres hijos ya adultos, la interiorista era consciente de que necesitaba una casa de invitados, así que tomó una insólita solución y decidió emprender la reforma de una serie de gallineros de hormigón ubicados a trescientos metros de la vivienda principal. Después de derribarlos todos menos uno (el que estaba orientado al sur y recibía mucha luz), se puso a transformarlo en una cabaña de cuatro dormitorios de estilo estadounidense construida con materiales recuperados. «Eres más creativo cuando no tienes mucho dinero», asegura.

En la zona de estar central, las vigas de madera se intercalaron con hierro ondulado oxidado para crear un armazón industrial que se suavizó con acogedores muebles tapizados agrupados en torno a la chimenea. A esta gama natural le añadió un toque de color con una llamativa alfombra reconvertida en tapete de la mesa de centro y un trío de cristaleras que invitan a los campos de afuera a entrar. La cocina y los dormitorios presentan contraposiciones parecidas, con paneles de madera encalados animados por una alfombra senegalesa de un radiante color turquesa o un chal estampado de la India.

Como López-Quesada intentó reducir al mínimo los costes, todas las piezas de la cabaña encierran una historia detrás, como una pequeña consola de madera que encontró en la calle y un antiguo baúl forrado con el clásico papel azul y blanco donde ahora guarda la leña para el fuego. «Puede que sea mi proyecto más pobre, pero le tengo mucho cariño», nos dice López-Quesada emocionada mientras habla de los felices veranos que ha pasado aquí.

Desde que terminó la cabaña, ha recibido encargos para acondicionar graneros en Pensilvania y la República Dominicana. Después de llevar a cabo proyectos muy ambiciosos, es una oportunidad única para explorar con más profundidad su aprecio por los espacios más domésticos. «Me encanta la carpintería, me encanta la artesanía y me encantan las cosas imperfectas», declara. «Estas casas transmiten tranquilidad, son muy cómodas y naturales, pero son el fruto de mucho trabajo». —Pip Usher

TEO YANG

SEÚL

Toda su vida, al diseñador coreano Teo Yang le ha fascinado la arquitectura de su país natal, pero jamás pensó que viviría y trabajaría en dos *hanoks* propios. Estas casas coreanas tradicionales, hechas de madera, teja y piedra, se empezaron a construir en el siglo XIV durante la dinastía Joseon. Los *hanoks* en los que vive Yang desde hace una década, sin embargo, datan de 1917 y 1931. Yang volvió a Seúl después de haber trabajado en Ámsterdam para Marcel Wanders y pasado un tiempo en Berlín y Los Ángeles. Vivir en un *hanok* le ha llevado a reafirmarse en su manifiesto profesional: para él, el diseño de interiores es una herramienta para transmitir la importancia de la cultura y el patrimonio locales y demostrar que la estética de la arquitectura coreana puede llegar a convertirse en un lenguaje de diseño internacional. Además de diseñar casas para algunos de los mayores coleccionistas de todo el mundo, ha sido seleccionado para revitalizar el Museo Nacional de Gyeongju, en Corea.

El complejo de *hanoks* de Yang, que él llama *Cheongsongjae* (la casa del pino verde), se encuentra en el barrio histórico de Gahoe-dong, en el centro de Seúl, en el distrito de Bukchon. Considerados durante un tiempo incongruentes con el perfil innovador y tecnológico de Corea, están atravesando un momento de gran popularidad. Más que para residencias privadas, sirven a menudo de Airbnbs o cafeterías, en parte debido a las normas que existen para habitarlos. No obstante, una vez que se obtiene el permiso de residencia permanente, el Gobierno coreano subvenciona y asesora a los residentes durante la reforma. Yang descubrió sus *hanoks* gracias a un amigo de la familia, que conocía al antiguo propietario. Nada más adentrarse en su íntimo patio central, sabía que ese era su lugar. Que Yang fuera arquitecto tranquilizó al propietario. «Me dijo que la casa no es mía, que la estoy cuidando para la próxima generación», cuenta Yang.

Aunque ha conservado la fachada exterior, en el interior buscó alcanzar un equilibrio entre la tradición y la modernidad, una constante en sus diseños residenciales y comerciales. Elegante y minimalista, también es vanguardista, con ocasionales toques metálicos. Un claro ejemplo lo encontramos en la planta inferior, de diseño más contemporáneo. Ahí, los pilares maestros brillantes constituyen un elemento de ruptura con las extensas superficies de madera. El genio del diseñador reside en su capacidad para camuflar la tecnología moderna, minimizando así la distracción visual y rehuyendo de la yuxtaposición flagrante entre lo viejo y lo nuevo. Para decidir la distribución de la casa, se empapó de la filosofía del *hanok* para comprender cómo se debía estructurar el espacio. Yang rinde homenaje a sus raíces con espacios como el salón del té y una sala de lectura que emula un *sarangbang*, espacio que los hombres utilizaban para estudiar en los *hanoks* tradicionales.

La colección de arte de Yang abarca diferentes siglos y continentes. Sus raíces coreanas están presentes en lienzos minimalistas de Lee Ufan, uno de los máximos exponentes del arte nacional, así como en cuadros folclóricos y un biombo de seis paneles exclusivo con caligrafía tradicional. Entre las piezas internacionales se encuentran ladrillos de vidrio de Jean-Michel Othoniel, cuadros de Daniel Boyd y muebles de Pierre Jeanneret. Asimismo, también ha incluido algunos muebles de su propia colección (Eastern Edition), cuya gama de colores y materiales se inspira en la naturaleza y en su hogar. «Lo más satisfactorio de fusionar tradición y modernidad son esos momentos en los que la tradición presenta la respuesta a problemas actuales», explica Yang, a quien vivir en un *hanok* le ha llevado a reflexionar y reconectar con la naturaleza. El patio en torno al que están diseñados los *hanoks* nos conmina a disfrutar de cada una de las estaciones. El hogar de Yang se ha convertido en un espacio en el que experimenta con las técnicas que luego aplica para renovar otros *hanoks* de su barrio. La casa, que él mismo describe como su «compañera para toda la vida», es un claro ejemplo de cómo la conservación de la historia no tiene por qué comprometer la habitabilidad. —Stephanie Sporn

JOY MOYLER

NUEVA YORK

No todos los días te despiertas en Bloomingdale's, a menos que seas Joy Moyler, cuya casa de New Rochelle está en el edificio que en su día albergó la primera ampliación de los grandes almacenes del condado de Westchester. La diseñadora y artista, que crea interiores para residencias privadas, complejos turísticos internacionales y *boutiques* de lujo, siente un profundo respeto por la historia y la moda, lo que la convierte en la residente ideal para apreciar las raíces comerciales de la casa, en especial el antiguo piso de lencería, y deleitarse con su pátina. «Creo que hay que respetar la arquitectura histórica y no cubrir los objetos con elementos brillantes solo porque son nuevos y frescos», dice.

Moyler, que se considera una especie de antropóloga arquitectónica, optó por conservar los suelos originales de roble e incluso las grandes secciones de hormigón adyacentes. A diferencia de muchos de sus vecinos, la diseñadora adoraba lo estropeados que estaban, la personalidad y la historia que transmitían. El suelo es solo uno de los elementos que llevaron a Moyler y a su marido, el fotógrafo Nick Carter, a adquirir la propiedad hace casi una década. A la pareja, que quería empezar una nueva etapa como recién casados, le gustaba lo cerca que quedaba Westchester de Nueva York y la idea de poder conectar con la naturaleza en su patio trasero. Desde un punto de vista práctico, el *loft* contaba con techos de 5,5 metros de alto, que se amoldaban a las sesiones fotográficas de Carter. Con vigas de hormigón visto, iluminación de riel y obras de la pareja colgadas en las paredes, la casa de Moyler da la sensación de haber sido, más que un abarrotado centro comercial en el pasado, una galería de arte con historia, apreciada por su valor y por las almas artísticas que allí se mezclaban.

Estas fuerzas creativas se reúnen con frecuencia en el apartamento de Moyler, que al estar abierto permite celebrar tanto pequeñas reuniones de negocios como grandes cenas. El mobiliario está en constante rotación y, aunque Moyler considera que su casa es menos elegante que las de sus clientes, rebosa creatividad, la misma que envuelve sus inquietudes culturales y las de su marido. Aunque casi todas las obras de la casa son suyas, una de sus posesiones más preciadas es un retrato que su amigo, el diseñador de interiores José Solís Betancourt, pintó después de que se pelearan con agua. También ocupan un lugar destacado en el comedor un contrabajo de laca negra (que toca su marido) y un maniquí con un *obi* japonés de principios del siglo XX. «Me encantan los ambientes culturales que rinden homenaje a otras culturas, no solo a la mía, y encontrar siempre la belleza en esas cosas, grandes o pequeñas», afirma Moyler, cuyo tesoro incluye taburetes africanos tallados, mantas mexicanas y kimonos. Moyler, que en su día fue aspirante a diseñadora de moda y llegó a trabajar para Ralph Lauren y Giorgio Armani, tiene una afinidad especial por los tejidos, el color y la artesanía.

En el centro de la sala hay una antigua mesa de astillero de 2,5 metros de largo. La mesa, que probablemente data de principios del siglo XX, presenta innumerables abolladuras, clavos incrustados y marcas de pintura que encajan con el suelo envejecido y las tendencias nostálgicas de Moyler: en su casa hay varias reliquias familiares, como los relojes de su abuelo y de su tía que tiene en su dormitorio. La mesa es aún más llamativa si se compara con las sillas de estilo Mies van der Rohe que la rodean. A Moyler le encanta combinar estilos, sobre todo en los materiales de los muebles, que van desde el cuero hasta una amplia gama de metales. «Cuido con cariño las piezas *vintage*, ya sea una maravillosa chaqueta de Dior o una vieja silla de mimbre, y las coloco junto a piezas contemporáneas», explica Moyler. «Creo que es la Géminis que hay en mí: siempre hay contrastes».
—Stephanie Sporn

DONALD
RALPH LAUREN
TRAVEL BY DESIGN

VINCENT VAN DUYSEN

AMBERES

Hace más de treinta años que el galardonado arquitecto y diseñador de productos Vincent Van Duysen perfecciona un planteamiento multidisciplinar que él denomina sencillamente «el arte de vivir». Desde que abrió su estudio en 1989, Van Duysen ha capitaneado una larga lista de proyectos, desde residencias privadas por todo el mundo hasta un nuevo proyecto de hostelería para JNcQUOI en Comporta, Portugal. Si bien ha recibido encargos muy diversos, Van Duysen siempre busca las mismas experiencias visuales y sensoriales. «Mi trabajo es bastante tranquilo, calmado, sereno y contemplativo. Para mí, el interiorismo tiene que apaciguar los sentidos y aportar una gran sensación de confort y bienestar».

El interiorista belga compró una antigua notaría en su Amberes natal y transformó el laberinto de habitaciones en un espacio diáfano simplificado. Aunque el estilo neoclásico del edificio del siglo XIX se respetó con la restauración de elementos antiguos, incluida una escalera original que se limpió, se lijó y se redujo a la mínima expresión, la luz natural se amplificó con la introducción de tres grandes ventanales con marcos de acero industriales. «Son los protagonistas», dice sobre el impacto de estas nuevas incorporaciones de la planta baja.

Se echaron abajo varios tabiques para crear un amplio salón de 100 metros cuadrados que, al principio, Van Duysen reconoce que le «daba mucho miedo» decorar. Los muebles se pusieron en ángulos asimétricos para crear zonas íntimas dentro del espacio acordes con las necesidades cotidianas. «Es un lugar para pasar el rato, para leer, para descansar, para meditar, para jugar con los perros», dice. Buena parte de su disfrute viene de la cuidada selección de piezas, incluidos taburetes chinos *vintage*, mesas auxiliares adquiridas en Italia y una mesa baja de B&B Italia que atesora una colección de libros impresionante. En un pedestal de madera descansa uno de los bienes más preciados de Van Duysen: la escultura de un búho del artista contemporáneo británico Thomas Houseago. «Me gusta encontrarle cierto parecido con una máscara. Es como una escultura sagrada que está en medio de mi salón y observa todo lo que pasa».

Van Duysen apostó por los materiales cálidos y naturales en toda la vivienda. La primera y la segunda plantas están entarimadas con anchas tablas de álamo, mientras que las paredes se enlucieron con un acabado de color hueso que se potenció con el tapizado belga tejido a mano del mismo tono. En el ático, que no se renovó hasta una década después de terminar el resto de la casa, se pusieron tablas de roble recuperadas del siglo XVII en el suelo y en una pared para complementar el pesado techo de vigas de roble. Una bañera arrinconada hecha de losas de piedra azul belga aporta una sutil nota contemporánea.

«Es todo muy emotivo», dice Van Duysen de la casa que ha creado. «Es muy personal y me siento muy reflejado en ella, tanto por la elección de los materiales como por la amplitud del espacio, los muebles y las obras de arte. Todos estos factores están equilibrados y se comunican entre ellos». —Pip Usher

BRIGETTE ROMANEK

LOS ÁNGELES

La casa de Brigette Romanek en Laurel Canyon es una institución de Hollywood por derecho propio. Aunque la mansión original, de la década de 1920, sufrió un incendio en la década de 1950, fue reconstruida pocos años después y desde entonces ha contado con invitados tan ilustres como los Red Hot Chili Peppers, The Beatles y Jimi Hendrix, entre otras leyendas del *rock*. Y es que la música es cosa de familia: Mark, su marido, es un reconocido productor y director, y ha ganado varios Grammy, y Brigette cuenta con clientes de la industria de la talla de Beyoncé y Jay-Z. Tras adquirir la propiedad de un amigo y también productor musical hace casi una década, la fundadora de Romanek Design Studio convirtió ese estudio de grabación de aire bohemio en una casa familiar con mucho ritmo.

Esta mansión de cuatro plantas es una curiosa fusión de estilos mediterráneo, gótico y español. Aunque muchos le aconsejaron que derribara la casa y empezara de cero, Romanek prefirió aceptar las imperfecciones de la finca y honrar su historia. «Para mí, diseñar es como cocinar: tienes una serie de ingredientes y, según cómo los combines, obtendrás un resultado diferente», afirma Romanek, que describe su hogar como un espacio sofisticado y vibrante a la vez, un lugar de gran belleza. «Esta casa tenía todos los ingredientes. Solo hacía falta que alguien la viera y valorara su potencial».

Romanek lanzó su firma en 2018 y, desde entonces, ha diseñado hogares de todo tipo, aunque se sigue sintiendo más cómoda en proyectos con historia. La casa llevaba tiempo descuidada, por lo que fue necesario acometer algunas reformas de elementos estructurales, como las escaleras y los balcones, para garantizar la seguridad de sus hijas pequeñas y de sus perros. También se actualizaron el sistema eléctrico y la mecánica del hogar para hacerlo funcional y, por último, se amplió la cocina. Sin embargo, Romanek conservó un par de habitaciones pequeñas (que ahora se usan como biblioteca y habitación de juegos), así como numerosos arcos, columnas y molduras deterioradas, que ha pintado con laca blanca para realzar su peculiaridad.

Parte de la magia de la casa se debe a que la diseñadora concibió cada habitación como una experiencia independiente. «Quería que cada habitación tuviera un ambiente y una energía propios, como si fueran las diferentes escenas de una película», explica. «Que potenciaran los estados de ánimo». En el vestíbulo, el suelo de cuadros grises y blancos procedente de un castillo francés y la lámpara de araña de cristal le brindan un aire de grandeza, mientras que los muebles de madera modernos y la estatua de la deidad hindú Ganesha aportan calidez y cosmopolitismo. Cuando busca tranquilidad, Romanek se refugia en el salón, que fusiona con elegancia lo antiguo y lo nuevo. Allí, una tumbona de Hans Wegner y una lámpara de Serge Mouille comparten espacio con taburetes africanos y fotografías de Richard Avedon y Larry Sultan. Por el contrario, cuando quiere transportarse a Italia o la naturaleza, o simplemente cumplir con su ritual dominical de leer la prensa, va a una estancia acristala, verde y soleada.

Ningún espacio de la casa está vetado para sus hijos y mascotas, clara muestra de su inclinación por los diseños elegantes pero habitables. Pero, más que crear un estilo característico, Romanek aspira a que sus diseños sean la mejor representación artística posible de quienes los habitan. «No importa si vives en una casa grande, pequeña o incluso en un apartamento, lo fundamental es que sea una carta de amor a ti mismo». —Stephanie Sporn

ZOE CHAN EAYRS Y MERLIN EAYRS

LONDRES

El proceso lo es todo cuando se trata de los meditados proyectos de interiorismo de los arquitectos Zoe Chan Eayrs y Merlin Eayrs, afincados en Londres. A diferencia de los estudios de diseño tradicionales, su firma homónima Chan + Eayrs, fundada en 2014, trabaja sin clientela. Ambos crean y diseñan propiedades para ellos mismos, viven en estos espacios, a menudo durante varios meses, y luego los venden a compradores expertos en diseño. «Soñamos cómo nos gustaría vivir en un lugar y después esperamos que alguien sienta lo mismo que nosotros», dicen sobre su planteamiento. Liberados de las limitaciones de la opinión o el presupuesto del cliente, sus creaciones son un reflejo puro de su gusto personal: una casa a medida que no es solo un lugar para vivir, sino una muestra del estado de ánimo y la manera de habitarlo.

Centrándose en un único proyecto cada vez, la cartera del dúo creativo incluye la transformación de una casa adosada de seis pisos en Spitalfields, una casa de campo de ladrillo en New Cross y la renovación de un *loft* de casi 279 metros cuadrados que ocupa toda una planta de una antigua fábrica de calzado del siglo XVIII situada justo en el corazón del animado barrio londinense de Shoreditch. Iniciado en 2016, el proyecto de Shoreditch (conocido como «The Beldi» por los relucientes azulejos marroquíes hechos a mano que Zoe y Merlin utilizaron en todo el espacio) tardó dos años en completarse y cumplió escrupulosamente su objetivo de crear un oasis dentro del esqueleto preindustrial del edificio. El propietario anterior, un escenógrafo, había dividido el interior con paredes curvas e iluminación de neón, pero Zoe y Merlin eliminaron enseguida estos elementos para resaltar un amplio espacio en bruto y, lo que es más importante, las numerosas ventanas originales Crittall con marco de acero que rodean la casa. A continuación, la pareja se mudó con su hija pequeña y estuvo meses sin cortinas ni tabiques, estudiando cómo se proyectaba la luz en los distintos volúmenes y observando cómo influía en la temperatura, el estado de ánimo y el ambiente.

Finalmente, lo transformaron en un piso de tres dormitorios con un espectacular espacio diáfano de salón/comedor/cocina que parece una casa árbol urbana. Tomando como referencia para el diseño el cielo y la plaza arbolada de la vecina iglesia de San Leonardo, Zoe y Merlin optaron por inundar el lugar de matices azules y verdes. El enlucido de cal natural y pigmento verde pistacho se aplicó a las paredes y los techos para crear lo que los diseñadores describen como «un envoltorio total de color, atmósfera y ambiente que... te serena mientras te sumerges en sus tonos y texturas». Se utilizó un verde hinojo intenso en los marcos de las ventanas y se recurrió a la británica Christabel Balfour para que tejiera contraventanas de lino en tonos verde bosque con un discreto dibujo geométrico. Otras elecciones fueron una bañera Water Monopoly color aguacate para el baño principal y el sofá Camaleonda de Mario Bellini en tono verde oliva como punto de referencia del salón.

En la cocina, la pareja hizo lo imposible por reunir numerosas piezas hechas a mano, como armarios de madera laminada cruzada de roble, un par de fregaderos rústicos restaurados provenientes de Francia y una serie de lámparas de cristal veneciano soplado a mano para iluminar la isla de la cocina. En otras zonas del piso, el ambiente artesanal se prolongó con las baldosas del suelo: el motivo de cestería del salón cambia a espiga cerca de los dormitorios, sugiriendo una serie de alfombras de piedra que permiten que el espacio, en palabras de los diseñadores, «funcione como una composición completa».

El singular planteamiento artístico de la pareja con respecto al diseño les ha dado libertad para explorar y perfeccionar sus propias preferencias y su enfoque. «Vemos nuestros proyectos como obras de arte y los hacemos como si estuviéramos ante un lienzo en blanco», dicen. «Como no tenemos clientes, nos permitimos el lujo de redactar nuestro propio informe y cada proyecto se convierte en una minitesis». —Joan Barzilay Freund

FRANCES MERRILL

LOS ÁNGELES

Cuando Frances Merrill y su marido Chris, oriundos de la Costa Este, compraron su casa de 46,5 metros cuadrados en Los Ángeles en 2008, no intuían lo mucho que iba a cambiar después para acoger a su familia. Al ser su primera casa, el hecho de estar en el barrio de Silver Lake, uno de los más modernos, donde tenían a un paso el embalse, la biblioteca y una tienda de vinos, ya les hacía felices. Aunque la pequeña casa de la década de 1920 parecía un «peculiar Frankenstein de Los Ángeles», con un arco de estuco y ventanas de celosía entre otras rarezas, ambos sentían una conexión especial con ella.

Cinco años después reformaron la casa por completo, añadiendo una segunda planta para dar cabida a toda la familia conforme aumentaba. Entonces tenían una hija, un hijo, dos conejos y un perro. Como el negocio de Merrill, Reath Design, un referente del interiorismo en toda California en la actualidad, todavía estaba despegando en 2009, su casa se convirtió en un espacio en el que experimentar con su propio estilo. Aunque no conservó ninguno de los detalles originales de la estructura, una constante en sus proyectos, el espacio está lleno de un sinfín de rasgos distintivos de su enfoque cálido y extravagante. El color, el estampado y los tejidos son marcas de la casa. La paleta de colores, aunque algo más suave que en otros trabajos, incorpora el color a través de sus etéreas cortinas verde salvia para el salón, rosa clavel para el dormitorio principal y amarillo azafrán para la habitación de juegos. «Al filtrar así la luz del sol, se consigue una sensación acogedora, como si fuera el decorado de una película», añade Merrill.

Los toques de excentricidad van desde el papel pintado en blanco y negro de Marthe Armitage en el dormitorio principal (que representa un patio de fantasía), hasta los bohemios estores de las ventanas del baño hechos con pareos de playa. Se respira una sensación de ligereza y serenidad en la casa de los Merrill debido a su eclecticismo, pero también a la luz del atardecer, que se cuela por los grandes ventanales.

El alma de la casa es, sin duda, el salón abierto: un espacio cómodo y elegante en el que las hileras de estanterías de madera muestran una mezcla de fotos familiares siempre cambiante, piezas de arte de amigos, libros y *souvenirs* adquiridos en sus viajes. Al marido de Merrill le encanta coleccionar cuadros y fotografías; sin embargo, fue ella quien se topó con un grabado verde de R. B. Kitaj en una tienda de antigüedades de Pasadena, que ahora ocupa un lugar central junto al televisor. Entre los dos sofás hay una mesa cubierta con una frazada boliviana. Alrededor de la mesa, que se ha convertido en la favorita de la familia para jugar a las cartas y al dominó, hay dos sillas de color amarillo neón que Merrill encontró en Etsy. Aunque no se puede negar que son de tamaño infantil, son lo suficientemente robustas como para soportar el peso de los adultos que las usan habitualmente. «Queremos que cada casa sea un reflejo del hogar de cada familia», dice Merrill sobre el énfasis que Reath Design pone en crear espacios cómodos y personales. «Siempre busco que la gente pueda relajarse en su casa. Cuando tienes niños pequeños y trabajas, al acabar el día solo quieres llegar a casa y sentarte, sin verte obligado a ordenarlo todo antes de descansar». —Stephanie Sporn

FOR EVER GODARD
WES ANDERSON
ROCK THE SHACK
STEPHEN SHORE
HENRY DARGER

DAVID KLEINBERG

NUEVA YORK

El interiorista neoyorquino David Kleinberg es conocido por sus estancias ancladas en la tradición y, a la vez, en armonía con el presente: refinadas y personalizadas a la vez que funcionales, con abundantes siluetas interesantes contrapuestas a esquemas cromáticos de un gusto intachable. Dio buen ejemplo de esta técnica en 2010, después de comprar un apartamento de dos habitaciones de antes de la guerra en el Upper East Side de Manhattan, separado de un dúplex de catorce habitaciones que, en otro tiempo, había sido propiedad del compositor estadounidense George Gershwin.

Kleinberg, que trabajó en el prestigioso estudio Parish-Hadley Associates dieciséis años antes de fundar su marca homónima en 1997, se sintió atraído por la atalaya del duodécimo piso debido a su estructura clásica y los detalles antiguos. El salón, el punto neurálgico del apartamento, cuenta con techos de 4 metros de alto, una chimenea de mármol tallado y paneles de carpintería decorativa con aplicaciones redondas. También había paneles decorativos cubiertos con pintura de imitación de nudos de madera de abeto, paredes tapizadas con damasco verde y un montón de pesadas cortinas que tenían que desaparecer.

Kleinberg las quitó para descubrir los grandes ventanales que llenan la habitación de luz del oeste y actualizó los paneles con pintura blanca y crema para potenciar los detalles tallados. Como siempre que inicia un proyecto, recurrió a sus orígenes en Parish Hadley y diseñó una serie de muebles que tienen en cuenta tanto el uso que se dará a cada estancia como los objetos que las vestirán. Sabía que en el amplio salón se pondría a leer o se reuniría con sus amigos íntimos y, con esto en mente, diseñó el sofá color berenjena oscuro, que está debajo de una obra del pintor vanguardista británico David Bomberg. La génesis del mobiliario era una pequeña butaca diseñada por su mentor Albert Hadley, que Kleinberg amplió en forma de sofá. El sillón inspirado en Kaare Klint que hay junto a una mesa Directorio italiana es también obra de Kleinberg, igual que el banco forrado de blanco con sencillas patas en forma de X que colocó delante de la chimenea. «Me atrae el mobiliario suntuoso de los grandes creadores de muebles franceses, daneses y suecos de estilo *mid-century*, que siempre compro para mis clientes», asegura. «Influye en las formas y las siluetas de las cosas que diseño».

En cuanto a los paneles chinescos marrones y dorados del comedor, una reliquia de un antiguo propietario y algo que Kleinberg reconoce que él no habría elegido, dice: «En el diseño siempre hay distintos condicionantes, ya sean los límites de la arquitectura o los caprichos del cliente. La clave es verlo como una oportunidad y no como un obstáculo». Con este planteamiento, conservó los paneles e introdujo objetos que pudieran destacar con un telón de fondo tan fastuoso. Entre ellos hay una mesa de comedor francesa lacada de estilo *mid-century* de Raphael, varias sillas con el respaldo curvado de la década de 1940 y una lámpara *art déco* con una pantalla de alabastro, todas ellas piezas que ya tenía.

La calma es el tema dominante en el estudio, que hace las veces de habitación de invitados. Las paredes tapizadas en lino crudo se adornaron con un ribete de tachuelas que evoca el diseño de los paneles del salón. La silla con el respaldo curvado de Edward Wormley se adornó con remaches a juego. El sofá en forma de L a medida oculta ingeniosamente una cama *queen-size*. Cuando hay visitas y se necesita desplegar la cama, la mesita de tres partes formada por un par de caballetes y una base de mármol se desmonta fácilmente y se guarda. Kleinberg, que nunca ha sido partidario de los estampados llamativos en muebles grandes, utilizó un diseño de franjas de franela verde sobre el sobrio fondo de lino beis para crear una interacción de texturas dinámica en el sofá. «A la señora Parish le encantaba el *chintz*, pero nunca lo habría puesto en un sofá. Hubiera dicho: "Una mujer con un vestido estampado no luciría nada en un sofá estampado"».

—Joan Barzilay Freund

BEATON
THE FINEST ROOMS in America
GREAT HOUSES OF BRITAIN

ELIZABETH ROBERTS

BELLPORT, NUEVA YORK

La arquitecta e interiorista Elizabeth Roberts atribuye su amor por la naturaleza, la luz natural y los espacios abiertos a su lugar de origen, el norte de California. «El olor a hojarasca y la luz titilante del bosque de secuoyas, la forma en que el sol y el agua se ven desde la cima del monte Tamalpais, todo me marcó», afirma. Roberts, que estudió arquitectura y conservación histórica, fundó su estudio homónimo de interiorismo en Brooklyn en 1998 y enseguida se convirtió en la restauradora por excelencia de las casas de piedra rojiza. La clave de su éxito es, desde hace tiempo, su forma de ampliar las habitaciones, dejar que entre la luz e incorporar materiales naturales a sus diseños. Su estética es depurada, serena y a la vez sofisticada, personalizada e invariablemente respetuosa con la estructura original.

En 2020, Roberts descubrió una peculiar casa de campo estilo Cape Cod de la década de 1930 en Bellport, Long Island, un pueblo pintoresco a 80 km al este de Brooklyn. Ella y su marido ya tenían allí una casa de la década de 1850 para las escapadas de fin de semana. Quería comprar algo que funcionara como lugar de trabajo, casa de invitados y rincón creativo, y esta sencilla casita de campo encajaba a la perfección. Apartada de la carretera y bajo las copas de arces y sicómoros, Roberts pensó que en aquel lugar daría rienda suelta a su creatividad. Sabía que necesitaba poner al día la infraestructura, pero se esforzó por preservar al máximo el peculiar espacio.

Al contrario que en las imponentes residencias de piedra rojiza de Brooklyn en las que suele trabajar, en esta casa próxima a la playa no quería complicarse la vida, debía seguir siendo sencilla. Quería espacios diáfanos que precisaran un mantenimiento mínimo. Lo quería ya y deseaba que el trabajo se hiciera rápidamente. Al ser su propia clienta, tomó decisiones espontáneas y a menudo divertidas, y agradeció no tener que cuestionarse a sí misma. «Usé lo que me gustaba y en ningún momento me pensé dos veces si estaba bien», asegura.

El mobiliario mezclaba piezas *vintage* y contemporáneas, y dio más importancia a la durabilidad que al pedigrí. Esta decisión tenía sentido dados los atributos de la vivienda, como las columnas de acero revestidas de madera de deriva y el hecho de que el salón a ras de suelo se utilizara de garaje. Un antiguo propietario había recuperado parte de la vieja puerta enrollable del garaje y la había colocado de lado para utilizarla como armario. Roberts realza este detalle sorprendente con una pintura de cera azul y blanca de Robin Hill. Otra parte de la misma puerta sirve de ingeniosa pared de paso para el porche cerrado.

Los elementos característicos de los diseños por encargo de Roberts son las habitaciones blancas y luminosas, los muebles esculturales y, sobre todo, las cocinas impresionantes. La cocina de esta casa aún no se ha reformado, pero los otros preceptos se cumplen con creces. Por ejemplo, Roberts personaliza espacios a partir de las claves estilísticas de los objetos más preciados. Aquí, dio protagonismo a una lámpara Knotty Bubbles, de su amiga Lindsey Adelman, en el alero abovedado del comedor. Evocadora de las boyas del puerto deportivo cercano, cuelga sobre una mesa rústica pintada de azul oscuro que compró, junto con el aparador, al anterior propietario. La silla tulipán de mimbre y las sillas tapizadas en color borgoña se conjuntan con la cuerda que une los globos de cristal de la lámpara.

La creatividad sin límites de Roberts la llevó a elegir baldosas atípicamente alegres con tréboles de cuatro hojas para un baño de la segunda planta. Agradeció poder llevar su idea adelante sin necesidad de pedir la aprobación a nadie. De los componentes de metal con recubrimiento en polvo azul marino de la misma habitación dice: «Hace años que los tengo, pero no todos los clientes quieren saldos italianos *vintage* de la década de 1980. A mí, en cambio, me hacen sonreír». —Joan Barzilay Freund

THOMAS JAYNE

NUEVA ORLEANS

Durante treinta años, Thomas Jayne ha capitaneado su estudio de interiorismo homónimo siguiendo el credo «antiguo y moderno». Antes de abrir su negocio, el historiador de artes decorativas trabajó en prestigiosas instituciones nacionales, como el Winterthur y el Museo Metropolitano de Arte, así como estudios estadounidenses como Parish-Hadley Associates y Kevin McNamara, Inc. Inspirado en estas experiencias, Jayne define su propio estilo como «descaradamente tradicional, pero con la elección de determinados colores y elementos que le dan cierta frescura». Asimismo, se siente atraído por ciudades con una marcada identidad cultural, impregnadas de tradición pero en constante cambio. Pocas ciudades de Estados Unidos encajan tanto en esta descripción como Nueva Orleans, a la que, a partir de la década de 1990, Jayne y su marido, el estilista gastronómico Rick Ellis, viajaron con frecuencia para celebrar el Mardi Gras, pasar las vacaciones, acudir a exposiciones de antigüedades y visitar a la familia.

En 2005, la pareja afincada en Nueva York decidió pasar más tiempo en Nueva Orleans y, solo dos meses antes de que el huracán Katrina devastara la ciudad, compraron un adosado de 1836 en el bullicioso barrio francés. A 2,5 metros sobre el nivel del mar, la segunda residencia sufrió daños leves y desde entonces se ha convertido en su hogar «criollo contemporáneo» lejos de casa, impregnado de los sabores de la ciudad en todos los sentidos de la palabra.

Situado en la planta baja del edificio, se convirtió en un apartamento en la década de 1920 y, en la de 1960, se sometió a una reforma que ocultó su historia. Para recuperar parte de la autenticidad de la casa, Jayne trabajó con el arquitecto de Nueva Orleans Frank W. Masson: usaron molduras arquitectónicas históricas y marcos para las puertas y ventanas originales que aún se conservaban.

Con sus dos terrazas y el patio lleno de fuentes, el exterior es fiel al estilo de Nueva Orleans, pero Jayne también quería que el interior fuera un homenaje al legado de diseño de la ciudad. En su lista de deseos destacaba la idea de un mural panorámico, un elemento propio de las casas señoriales sureñas. Sin embargo, consciente de que la típica pintura francesa del siglo XIX habría quedado demasiado formal, el interiorista optó por un papel pintado de la excepcional firma de Gournay para crear algo nuevo a partir de algo viejo: las ilustraciones de C. H. DeWitt para el libro *The Story of the Mississippi* que Marshall McClintock escribió en 1941, uno de los favoritos de la infancia de Jayne. Pintado con una paleta criolla de tonos cálidos, el mural se compensa con un friso azul y un marco amarillo. En este espacio multiusos, decorado con muebles de estilo neoclásico y recuerdos del Mardi Gras, se realizan diferentes actividades, desde cenas con amigos hasta sastrería. «Todo lo que hacemos está siempre ligado al confort y la funcionalidad, pero realizamos los diseños con motivos históricos porque creemos que han superado el paso del tiempo y son armoniosos», dice Jayne, que, aunque su estilo es tradicional, no teme romper las reglas. «No se trata de hacer salas de museo, sino de recurrir a la tradición del diseño de una manera activa y progresiva».

Es el caso del dormitorio, donde una lámina de un buitre de California de Audubon pone el contrapunto al papel pintado de *chintz*, una reproducción de un estampado francés del siglo XVIII. En la sala de estar rosa, que además es la habitación de invitados, Jayne también crea historias: un sofá cama de madera adquirido en la venta de Jane Engelhard de Christie's está debajo de grandes xilografías de personajes carnavalescos alemanes, todo ello frente a un espejo contemporáneo. En la habitación hay otra valiosa obra de arte, un retrato de Jayne del artista californiano Don Bachardy. Aunque los objetos de la casa proceden de lugares tan lejanos como Oriente Próximo, siempre que es posible Jayne trata de integrar obras de talentos locales, como el difunto artista y fotógrafo George Dureau.

La pareja suele servir el gumbo, los huevos a la diabla y el *pimento cheese* que prepara Ellis en los espacios a caballo entre el interior y el exterior, como es costumbre en Nueva Orleans. La terraza de la planta superior y el patio de la planta baja, donde no faltan los muebles metálicos y una cascada de plantas, han demostrado ser espacios muy valiosos durante la pandemia de COVID-19. «Aquí la gente sabe cómo organizar una fiesta, incluso con limitaciones», dice Jayne. Su casa demuestra que el estilo tradicional nunca debería tener miedo de soltarse la melena. —Stephanie Sporn

GARDEN FERNS
FRENCH QUARTER FABLES
DALT WONK

VENICE

SHAWN HENDERSON

HILLSDALE, NUEVA YORK

Hace relativamente poco que el interiorista Shawn Henderson terminó la gran reforma realizada en su retiro de fin de semana, una granja colonial de la década de 1830 en el valle del río Hudson, Nueva York. Fue en 2017, cuando se incendió la chimenea y arrasó buena parte de la planta baja. Tras la frustración de perder objetos valiosos y meses de intenso trabajo, Henderson, que habitualmente vive en un apartamento del West Village de Nueva York, decidió reconstruir y ampliar la superficie de la casa con la intención de venderla. Se añadieron 93 metros cuadrados para construir una nueva *suite* principal, un despacho, un porche cerrado y una gran cocina. «Hacía más de una década que había comprado la casa y, cuando todo empezó a cobrar forma, me di cuenta de que no estaba dispuesto a dejarla escapar», afirma.

En la cocina optó por muebles de roble blanqueado, una gran isla de 3,7 metros con una encimera de mármol Mountain White y suelos de ladrillo rojo. Sus clientes quizá prefieran superficies como la madera pulida o los azulejos, mucho más brillantes, pero Henderson decidió ser fiel al entorno rural de la casa, en el que parecían encajar los materiales humildes, y al recuerdo de la sensación de andar descalzo por el suelo de ladrillo. «Me encanta la textura de los suelos de ladrillo y es una interesante forma de incorporar un elemento más indicado para exteriores», asegura Henderson.

Creó todo un relato en su cabeza: el lugar debía parecerse a una casa de campo rústica sueca. Consiguió un apacible «paisaje interior» con una combinación de piezas *vintage* de origen escandinavo, danés, francés y estadounidense en habitaciones llenas de grises claros y blancos con toques de azul Yves Klein, amarillo mostaza y terracota oscuro. El resultado es Henderson en estado puro, un admirable equilibrio urbano entre los muebles, las obras de arte y el telón de fondo decorativo.

En el salón, el interiorista se inspiró en la obra de maestros del *mid-century modern* como suele hacer en sus proyectos profesionales: un sofá color *biscuit* de Kaare Klint junto a la chimenea original de la casa, una mesa auxiliar de Frits Henningsen y una butaca de brazos tapizada de Kerstin Hörlin-Holmquist al otro. Un dibujo lineal de Louise Bonnet en el marco de la chimenea aporta un aire contemporáneo al conjunto. Henderson aplica este equilibrio entre confort y quietud en toda la habitación con distintos asientos de color crema bajo una pintura en tonos rosas de Genieve Figgis, una artista irlandesa cuya obra descubrió en casa de unos clientes coleccionistas de arte. «Es uno de mis bienes más preciados, junto con el sofá Dunbar que hay debajo, que es muy cómodo y mi lugar favorito para sentarme», asegura Henderson.

El interiorista utiliza audazmente sus propias casas para probar estrategias de diseño, que es lo que le llevó a tomar la decisión de tapizar las paredes de una habitación de invitados de la planta de arriba con tela de lino verde de Loro Piana, un recurso que ha replicado en numerosos proyectos. El suntuoso tejido amortigua el sonido y aporta textura y una profundidad de color que nunca se conseguiría con la pintura. Henderson colocó unos soportes de madera a medida bajo las mesitas de metal galvanizado que enmarcan la cama para que tuvieran una altura más adecuada. El metal industrial aporta un toque de textura a la decoración refinada y dota al espacio de la gran elegancia por la que Henderson despierta tanta admiración.

—Joan Barzilay Freund

NATE BERKUS Y JEREMIAH BRENT

NUEVA YORK

Es la típica rivalidad: la amplitud y el confort de California frente al carácter y el estimulante ajetreo de Nueva York. Después de vivir cuatro años en Los Ángeles, Nate Berkus y Jeremiah Brent tenían ganas de volver a la ciudad donde empezó su relación y donde sus hijos pequeños podrían sentirse parte de una comunidad. En 2019, los interioristas y presentadores de televisión cambiaron oficialmente su vivienda de estilo español de 836 metros cuadrados por un adosado de 316 metros cuadrados del siglo XIX en el West Village, donde vivieron dos años.

La ubicación era lo que más le gustaba a la pareja: les encantaba sentarse en la escalera con sus hijos y sus vecinos. Con patio y azotea, la vivienda bien equipada también tenía una distribución sorprendente que podía transformarse en un nido muy personal para la familia. La estructura de la casa, que se había reformado hacía poco, estaba en buen estado, por lo que Berkus y Brent se dedicaron sobre todo a decorar y recuperar el alma de la vivienda. «Igual que hacemos para nuestros clientes, rastreamos Internet y todas nuestras fuentes en busca de marcos de chimenea antiguos y materiales recuperados para devolverle la integridad histórica». Su búsqueda dio como resultado varios muebles y lámparas, incluido un farol francés que pusieron en la entrada y una mesa de madera para el vestidor.

También restauraron el suelo, remodelaron la cocina y añadieron soluciones de almacenamiento cuando fue posible, pero antes de instalarse tuvieron que deshacerse de muchas de sus pertenencias debido a la drástica reducción de metros. Concibieron espacios alrededor de las piezas más preciadas de su colección, lo que aportó sofisticación y contemporaneidad gracias a los muebles esculturales y las obras de arte abstracto. Además, tomaron decisiones insólitas. La paleta de colores intensos, con sus capas de ámbares, grises y hasta el verde bosque apagado de la cocina, se desmarcaba de los neutros blanquecinos de Brent y la afinidad por el blanco y negro de Berkus que suelen dominar en sus proyectos de interiorismo.

La piedra angular de su casa era la librería de doble altura de roble blanco de unos 8,5 metros que instalaron en el salón. La iluminación de la galería de la librería destacaba numerosos libros, objetos adquiridos en sus viajes y fotos de familia. El adosado contaba con un puente y una barandilla de cristal, que iba del salón de arriba a la cocina y el salón de abajo, uniendo las dos plantas. Allí, las paredes estaban cubiertas de tela de hierba de color caramelo, lo que daba calidez a los muebles de colores fríos que la pareja reorganizaba constantemente. A un lado, un sofá Soriana, un sillón en forma de concha de la década de 1940 y unos reposapiés *art déco* retapizados rodeaban una mesita de Diego Giacometti. Al otro extremo, más asientos, incluido un sofá Mario Bellini Camaleonda de cuero negro junto a una chimenea con un marco italiano del siglo XVIII. Las obras de arte eran claramente gráficas o monocromas, desde el lienzo de Albert Chubac hasta la escultura de bronce de su difunto amigo, el artista James hd Brown.

El salón daba a la cocina, que estaba equipada con los electrodomésticos y enseres soñados por Brent, como el horno de La Cornue y los grifos a medida de Van Cronenburg. La campana, el entrepaño y las encimeras de mármol de Calacatta contrastaban con los armarios abiertos a los que se añadió malla de alambre. En cuanto a los dormitorios, mientras que en los de los niños Berkus y Brent se animaron a experimentar con colores saturados y papeles pintados caprichosos, el suyo era un oasis etéreo y refrescante, con muebles y ropa de cama en blanco, crema y gris topo.

Aunque al final Berkus y Brent dejaron el adosado del West Village para volver a su primera casa de Manhattan, que milagrosamente estaba disponible de nuevo, siempre tendrán un vínculo emocional con esta vivienda. Es lo que les hizo volver a Nueva York. «El primer día de nuestro traslado me invadió la ansiedad de saber si era la decisión correcta», dice Brent sobre la casa que llenaron de recuerdos familiares duraderos. «Esa noche nos acostamos con las ventanas abiertas y nos quedamos dormidos mientras afuera alguien tocaba el violín. Habíamos hecho bien».
—Stephanie Sporn

PAOLA NAVONE

MILÁN

Considerada un icono del diseño italiano, Paola Navone ha forjado una carrera de cuarenta años tan pintoresca como ella misma. Tras licenciarse en Arquitectura en el Politécnico de Turín en 1973, Navone se unió al Studio Alchymia, un colectivo vanguardista de artistas italianos que la ayudó a perfeccionar su enfoque poco convencional. Desde entonces ha aplicado su imaginación desbordante a una gran variedad de proyectos, desde McDonald's decorados con lunares y estampados chillones hasta la *boutique* insignia de Joyce, con sede en Hong-Kong, que presenta el característico motivo de peces y llamativas combinaciones de textura y colores.

«Me gusta imaginar que cada proyecto es una nueva película», dice Navone de su proceso creativo, que busca desarrollar un guion único para cada encargo. Pese a sus impresionantes credenciales, no es una diva y, si a un cliente no le convence un diseño, suele ser más fácil descartarlo y analizar la siguiente opción. Tal como reconoce: «A veces hago locuras en casas ajena, así que eso es un reto».

En su propia casa, una propiedad independiente en un barrio milanés lleno de salas de exposiciones de moda, Navone no tuvo que rendir cuentas a nadie. El resultado es un espacio fascinante que sirve de museo vivo para sus eclécticas colecciones, que incluyen cerámica europea y china, objetos de cristal, ollas y sartenes y una gran cantidad de palillos chinos. «Mi casa es una suerte de estratificación de memorias», dice Navone al referirse a los viajes internacionales que le han imprimido carácter.

Aunque la fachada es histórica, el edificio cuenta con un tejado de estilo industrial que Navone construyó cuando un incendio arrasó el anterior. La austera estructura metálica transformó el interior en un espacio lleno de luz que Navone quiso potenciar al máximo con una distribución diáfana en torno a la zona de estar central. Fiel a su estilo, abundan las florituras creativas, como la escalera negra de hierro pintada a mano con manchas blancas y sostenida en las ramas desnudas de un árbol. Otro árbol recuperado, este adornado con llamativas franjas blancas, atraviesa la misma escalera para emerger en el altillo.

La casa está repleta de elementos orientales, fruto de las largas temporadas que Navone ha pasado en China y el sudeste asiático. En el comedor, las estanterías están abarrotadas de objetos de cerámica milenarios de la dinastía Liao, que Navone descubrió en mercados de antigüedades de Hong Kong y empezó a coleccionar tras quedar fascinada con su estética moderna. Guarda sus «millones de palillos chinos» en un armario rojo brillante de Shiro Kuramata que parece una pila tambaleante de cajas de *pizza*. Y, en la cocina, una hilera de lámparas rojas de plástico, como las que suelen colgarse en los mercados chinos, aportan un toque vivo de color a un espacio por lo demás monocromático. «No soy coleccionista, soy compradora compulsiva», reconoce Navone entre risas.

El mar está presente en todas partes, desde el sofá turquesa de efecto *tie-dye* y los sillones verde azulados de la sala de estar, hasta el extravagante despliegue de cerámica francesa de intrincadas florituras en el mismo tono. «Siempre me han gustado los colores fríos del mar, del agua y del cielo», dice Navone. Un vínculo que refuerza la presencia de un gigantesco pez de cerámica adquirido en la región italiana de Liguria y considerado hoy su motivo distintivo.

En una casa llena de recuerdos, cada rincón tiene una historia que contar. Incluso la ducha del dormitorio de Navone, que está encerrada en una caja de hormigón por un extremo, sirve para exponer piezas de cerámica que rescató de la basura en las fábricas cuando trabajó dos años en el proyecto de interiorismo de un hotel en Tailandia. «Cuando me despierto cada mañana y veo esta pared, es una especie de descubrimiento», dice. «Los colores hacen que mi cerebro se despierte de una forma agradable y la pared está tan llena de cosas que puedo pasar horas mirándola y tratando de recordar dónde las encontré». —Pip Usher

DELIA KENZA

BROOKLYN

La interiorista Delia Kenza, afincada en Brooklyn, se inclina por las casas antiguas. «Tienen un carácter que no siempre se consigue en los espacios nuevos», dice Kenza, que, junto con su marido, el artista y coreógrafo Júlio Leitão, ha reformado más de diez casas en quince años. Exabogada, Kenza fundó su estudio de interiorismo homónimo en 2011 y, desde entonces, se ha convertido en una experta en casas históricas urbanas con interiores modernos.

En 2015 llegó su proyecto más importante y personal hasta la fecha: una casa de piedra rojiza de Clinton Hill de la década de 1880 que había pertenecido a su familia desde su construcción y que pronto se convertiría en su propio hogar familiar. Durante su infancia, en la década de 1970, Kenza recuerda haber visitado el edificio para asistir a las fiestas organizadas por su elegante tía, pero nunca se había planteado vivir allí hasta que fue mucho mayor y pudo apreciar sus detalles, como las elaboradas molduras y las chimeneas. Cuando su tía decidió mudarse a Florida, Kenza, su marido y sus dos hijas se mudaron a la casa principal. «No sé si soy afortunada, pero aprecio la previsión que tuvo mi familia sobre la propiedad y lo importante que es mantener tu vivienda», dice Kenza, reconociendo que las casas que pasan de generación en generación son escasas, especialmente en la ciudad de Nueva York. «Un día mis hijas serán dueñas de esta casa».

Siguiendo los pasos de su familia, Kenza y su marido se embarcaron en una reforma de dos años en la que lo renovaron todo, desde la fontanería hasta la instalación eléctrica, al tiempo que conservaron el mayor número posible de elementos originales. La mayor parte de la yesería de finales del siglo XIX estaba intacta, pero el suelo de parqué se había lijado demasiado para poder conservarlo. Ahora, en su lugar hay un suelo de parqué oscuro en espiga que Leitão instaló él mismo. Inspirándose en el *shou sugi ban*, una técnica japonesa que conserva la madera carbonizándola, consiguió el tono oscuro del suelo mediante un proceso de combustión química. «Creo que los suelos oscuros dan peso al espacio y aportan calidez», dice Kenza, que suele optar por ellos en las casas de sus clientes.

El esquema negro, blanco y madera de la casa, salpicado de herrajes de latón, está en consonancia con la paleta preferida de Kenza, que añade toques de color y motivos principalmente con obras de arte. El aspecto de alto contraste del espacio también se inspiró en una visita familiar al Museo del Louvre. «Me impresionó ver esos cuadros tan antiguos con ornados marcos dorados sobre fondos minimalistas y modernos», dice Kenza. En su dormitorio, las paredes de color gris carbón son una elección estética, pero también un truco de diseño inteligente. «Los colores oscuros ocupan espacio sin tener que utilizar veinticinco muebles». De hecho, los interiores de Kenza nunca se ven abarrotados. Cada objeto es intencionado, como el sofá modular de *bouclé* color crema del salón y la cama con dosel de madera de su dormitorio, ambos de la marca de muebles a medida Maiden Home, fundada por mujeres.

En su selección de obras de arte, Kenza y su marido comparten una afinidad por los bustos expresivos y otras obras que reflejan su herencia afroamericana. La pareja encargó al artista ugandés-ruandés Moosh la realización de murales que colocaron en la entrada y el rellano. Una de las piezas favoritas de Kenza es una escultura abstracta blanca de arpillera y yeso de Leitão, que cuelga en el salón. Otra obra de arte muy apreciada es un espejo antiguo con una cita de Harriet Tubman que tiene en su dormitorio. Muchos de los objetos de la casa son de artesanos que viven en Angola, de donde es originario Leitão. «Es importante introducir la cultura en el espacio», dice Kenza. «Un hogar debería ser un reflejo de la persona». —Stephanie Sporn

May I Come In?

VINCENT DARRÉ

PARÍS

Con una creatividad desbordante y una sensibilidad surrealista aplicadas en múltiples disciplinas, Vincent Darré es un Jean Cocteau moderno. El interiorista y director artístico afincado en París se ha convertido en uno de los estetas más prestigiosos de la ciudad que no solo aporta elegancia a los mundos del arte y el diseño, sino también al teatro y la moda. Las residencias privadas de Darré son como adentrarse en su mente disparatada, llena de iconos como Yves Saint Laurent y Karl Lagerfeld, de quienes fue colaborador, que le han dejado una huella imborrable.

La primavera de 2020, Darré se mudó a un nuevo piso en una calle tranquila del distrito VII. Aunque el país de las maravillas que recreó ofrece numerosos detalles audaces en la línea de los ya presentes en su antiguo apartamento, para él era importante empezar de cero. «Mis apartamentos siempre han sido laboratorios para objetos nuevos», dice Darré, quien, pese a haber renovado su última casa en cuatro ocasiones, está convencido de que el interiorismo de este espacio perdurará. «Karl Lagerfeld me enseñó que es vital vender y cambiar todo para renovarse. Los recuerdos son hermosos, pero lo más apasionante de la vida son los nuevos proyectos y dejar volar la imaginación. Para mí, esto combate la melancolía». En efecto, Darré abordó las paredes de su casa como un lienzo en blanco, que llenó con sus propias ilustraciones y las de sus colaboradores más cercanos. El apartamento está distribuido alrededor de una galería que da al jardín de una embajada, proporcionando a Darré un apacible «palacio entre los árboles». Su única crítica sobre la casa: la entrada del apartamento está en la cocina. Para disimular los armarios marrones (que describe como un «horror») y las asociaciones funcionales de la estancia, Darré le pidió a su amigo, el artesano Raphaël Schmitt, que pintara el trampantojo de una tienda de campaña de rayas blancas y verdes en las paredes. «Ahora cuando alguien entra es como si emprendiera un viaje», asegura Darré, que completó la habitación con sillas Chippendale pintadas de color coral y una consola con espejo que diseñó para la firma británica de muebles y artículos para el hogar decoración OKA.

La obra de Schmitt continúa en el salón enmarcado por las ventanas, donde el trampantojo de las cariátides destaca en las paredes azul cielo inspiradas en los frescos. Para potenciar el efecto ilusionista, vista de cerca, una lámpara de pie de estuco de Philippe Valentin revela rostros enmascarados a modo de máscaras. Las piezas de la colección Insomniac que Darré creó en 2021 también ocupan un lugar destacado: dos apliques Pegasus en blanco y negro rodean la chimenea y un espejo Unicorn cuelga sobre piezas *vintage*, como un banco de madera dorada del siglo XVIII, una mesa metálica de la década de 1950 y un bajorrelieve que representa al Rey Sol, una reproducción de uno de la Place Vendôme. La zona de estar principal también juega con las creaciones contemporáneas de Darré y las antigüedades, como unos bustos del siglo XVIII y una mesa auxiliar barroca italiana. Entre sus diseños hay sillones de terciopelo desparejados, una mesita sorprendentemente sobria de su colección Renaissance, y un banco del siglo XIX lacado en negro y tapizado con una tela surrealista diseñada por Janine Janet para Pierre Frey, que Darré relanzó en 2014.

Para su espacio favorito, el dormitorio, ideó una bucólica fantasía rococó que invita al jardín a entrar. Darré diseñó originalmente el papel pintado a la aguada panorámico como telón de fondo para la subasta del mobiliario histórico del Ritz de París en 2018 en la casa de subastas francesa Artcurial. El dormitorio también rinde homenaje a los últimos titanes del diseño y compañeros maximalistas con piezas como las lámparas de Madeleine Castaing y las cortinas de Tony Duquette. La cama italiana del siglo XIX, vestida con la tela con estampado de dragones de Jim Thompson, destaca sobre los amarillos mantequilla, los rosados y los verdes pistacho de las paredes.

En los ambientes abarrotados de la casa, donde se aprovecha hasta el último rincón para decorar, sale a la luz la experiencia de Darré en el diseño de escenografía y vestuario, y el cine. «Tanto en la moda como en la escenografía o la dirección artística he aplicado el mismo método cinematográfico», asegura. «Pienso como un cineasta que tiene que contar una historia». —Stephanie Sporn

WILLIAM SOFIELD

NUEVA YORK

Los múltiples proyectos del arquitecto e interiorista William Sofield discurren hábilmente entre los principios estéticos del pasado y los lenguajes de diseño del presente. Su Studio Sofield, fundado en 1996 como un crisol del diseño interdisciplinar, ha trabajado en residencias privadas, *boutiques* de diseñadores como Tom Ford, Gucci, Bottega Veneta e Yves Saint Laurent y bloques de apartamentos de lujo, como la Steinway Tower en la West 7th Street de Manhattan. Trabaja intensamente con sus clientes y una serie de artistas para asegurarse de que nunca se repite ni adopta un estilo distintivo. «Si nadie nota que hemos estado allí significa que hemos hecho muy buen trabajo», asegura.

El hogar de Sofield desde 2012, situado en el SoHo, en la séptima planta de una antigua fábrica de juguetes de 1889, es la antítesis de sus proyectos profesionales: su huella está por todas partes. De tamaño modesto y no pensando para recibir visitas (solo tiene cuatro juegos de cubiertos de plata de Cristofle), es un lugar para trabajar y dormir. Lleno de sus objetos más preciados, es una versión real del gabinete de curiosidades de estilo esteticista de Herter Brothers, que tiene en el despacho un relicario de una vida bien vivida, maravillosa y misteriosa a la vez. Sofield se describe como un animista que cree que los objetos tienen una esencia espiritual y que las historias que los rodean (su proceso de creación, sus anteriores dueños o el contexto histórico) deberían ser igual de importantes que ellos mismos. «Estoy convencido de que los objetos tienen alma». Por eso los encargos y las colaboraciones con artistas son tan importantes para su trabajo. Para Sofield, esta asociación añade el toque personalizado perfecto a un espacio. También cree que es esencial promover el talento de hoy para los amantes del diseño de mañana.

Sofield ha vivido en muchos lugares que suelen salir en las fotos. Actualmente está restaurando una joya del modernismo de 1934 de Donald Deskey y Edward Durell Stone en Bedford Hills, Nueva York, pero es en el despacho de su *loft* donde guarda la primera antigüedad que adquirió: un candelabro de bronce de Tiffany Studios que compró a los dieciocho años en un anticuario de Metuchen, Nueva Jersey, donde nació. También hay un pequeño retrato del artista James Abbott McNeill Whistler, un búho vaciado de Pablo Picasso (que encontró en un mercadillo) y una pipa de opio del siglo XIX cuyas esbeltas líneas son tan refinadas como los pomos en forma de rascacielos de P. E. Guerin de los apartamentos de la Steinway Tower. «No sé si encajan o no, pero son objetos entrañables para mí», asegura. Una lámpara de pie con florituras de Koloman Moser, el gran artista de la Bauhaus, ilumina una mesa de dibujo sobre la que cuelga un *gesso* brillante, una obra de yeso y pan de plata sobre madera de Nancy Lorenz, colaboradora habitual de Sofield. El dormitorio está amueblado con piezas de una colección de la década de 2000 que Sofield diseñó para Baker. La manta de piel sintética la eligió para disimular los pelos de su labrador mestizo adoptado.

Sofield cuenta que, la primera vez que vio el apartamento, parecía una sala anónima de primera clase de una aerolínea europea, así que decidió recrear su arquitectura industrial original añadiendo molduras arqueadas y excavando el techo original. La paleta oscura y la luz tenue son intencionados; le gusta la forma en que los límites se difuminan en las sombras. Incluso el baño es una experiencia crepuscular. Revestido por completo en mármol negro estriado de Kenia, incorpora el inodoro Hatbox sin cisterna de Kohler, un diseño tan minimalista que desconcierta a los invitados ocasionales con su descarga superdiscreta. Según Sofield, que no se detendría ante nada para que los demás vivan bien: «Ilumino el apartamento con unas quinientas bombillas de dos vatios, así que encender las luces es una aventura de veinte minutos. Es entretenido, pero un día de estos debería pasarme al sistema Lutron». —Joan Barzilay Freund

SIG BERGAMIN

NUEVA YORK

Caracterizados por su amalgama caleidoscópica de arte gráfico contemporáneo, los diseños atrevidos y los tonos brillantes, los interiores de Sig Bergamin son prueba de que el adjetivo maximalista es adecuado para él. Su apartamento en el Midtown de Nueva York, por el contrario, parece pasado por un filtro de grisalla. El arquitecto y diseñador, cuya carrera abarca más de tres décadas, rinde homenaje en su residencia a la «jungla de cemento» que es la ciudad en la que vive para resaltar la importancia del contexto en su trabajo. «No puedo crear algo aislado de la ciudad; este apartamento es inconcebible sin los rasgos de la metrópolis neoyorquina», comenta Bergamin de su *pied-à-terre* urbano y monocromático, que comparte desde 2017 con su marido, el arquitecto Murilo Lomas.

Como ávido coleccionista de arte, no es de extrañar que Bergamin considere esta residencia su segundo hogar, después de su São Paulo natal. Ubicado en la legendaria Museum Tower diseñada por Cesar Pelli, un lujoso rascacielos adyacente al Museo de Arte Moderno, la residencia alberga obras de Piet Mondrian, Joan Miró y su compatriota Mira Schendel, que encajan a la perfección en el espacio. «Para mí, las obras de arte son piezas fundamentales: muestran mi estilo y aportan un toque de color y vida al apartamento», explica el diseñador.

Aunque desde el apartamento pueda verse el jardín de esculturas de Philip Johnson en el MoMA, la vista que realmente inspiró a Bergamin fue el océano de rascacielos más allá de las ventanas. «Imaginé un interior lleno de espejos, en el que Manhattan no se quedaba afuera, sino que se le daba la bienvenida al apartamento», cuenta Bergamin. De hecho, el diseñador instaló superficies y muebles con acabados de espejo y reflectantes, entre los que se encuentra la cama, cuyo marco alto y angular emula el paisaje neoyorquino. Tanto en sus residencias personales como en los hogares de sus clientes, el diseñador recurre a los espejos con frecuencia para agrandar los espacios. «Es una solución más arquitectónica que decorativa, pero me encanta el efecto», dice.

Para evitar una sensación de frialdad, Bergamin optó por texturas ricas e interesantes. Por ejemplo, colocó paneles de ébano africano lacado en el vestíbulo y algunas de las paredes del salón. En el recibidor, los toques de color provienen de lienzos de arte contemporáneo colocados sobre un aparador metálico de Carole Gratale. Entre ellos destaca una obra de Jean-Michel Basquiat, en negro y amarillo. Una silla tapizada con una tela de leopardo de Scalamandré es uno de los elementos con estampado animal, otra característica del estilo de Bergamin, que se aprecia en todo el apartamento.

Los motivos atrevidos continúan en el salón, exuberante y exótico gracias a elementos como las sillas de terciopelo con estampado de cebra, los cojines de leopardo y una manta *ikat* de Madeline Weinrib, quien también diseñó la alfombra. En esta habitación se encuentran algunas de las obras contemporáneas más llamativas del apartamento, muchas de ellas empastadas: encontramos un óleo de su marido, una impresionante obra de Maximilian Magnus y una obra de arte de mariposa de Damien Hirst, uno de sus artistas favoritos. La mesa de centro Monogold de Yves Klein, sobre la que descansa una pequeña selección de libros, es otra de las piezas predilectas de Bergamin. De ella destaca su poder de seducción.

El dormitorio de Bergamin, revestido de ante gris azulado, es un lugar para el retiro, masculino y sexy a la vez que acogedor, que alberga fotografías y obras sobre papel en blanco y negro, como un paisaje de Valdir Cruz y un retrato de la supermodelo brasileña Gisele Bündchen de Michel Comte. En cuanto a los muebles, van desde un banco minimalista de Harry Bertoia hasta un intrincado cofre sirio con incrustaciones. La mezcla de diseños sudamericanos, estadounidenses y europeos que caracteriza al diseñador y se aprecia en su apartamento refleja el crisol de culturas que es Nueva York. Si a esto se le suma su modernidad metálica, este hogar encarna la arquitectura icónica de la ciudad en algo que solo podría describirse como una carta de amor a Manhattan. —Stephanie Sporn

ALEXANDER MCQUEEN: SAVAGE BEAUTY
RUSSIAN SPLENDOR
CHANEL

ARIEL ASHE (ASHE LEANDRO)

NUEVA YORK

Con una hija en camino, Ariel Ashe sabía que el caos no tardaría en llegar. Un mes antes de dar a luz en 2019, Ashe, que fundó Ashe Leandro en 2008 con el arquitecto Reinaldo Leandro, se enamoró de un pintoresco apartamento del Greenwich Village de Manhattan que le proporcionaría el refugio que necesitaría como madre primeriza. Construido en 1926, el edificio presentaba detalles españoles que evocaban las raíces sudoccidentales de Ashe. «Siempre me han atraído los materiales como la terracota y el yeso», dice Ashe. «Este apartamento tenía esos detalles y luego añadimos más. Quería que volviera a ser como cuando se construyó el edificio».

Ashe, que conservó los suelos y la distribución de roble originales, hizo lo contrario con las intervenciones modernas, como las molduras de corona que se habían añadido posteriormente. Con paredes neutras de enlucido veneciano, el salón transmite una sensibilidad europea híbrida que realzan las cristaleras que dan a un falso balcón. «Los edificios de enfrente son bonitos y también antiguos. Cuando abres las ventanas por la noche, parece que estás en París», dice la diseñadora. Al ambiente de ensueño que evoca un nido se suma una chimenea de ladrillo que Ashe enlució con yeso alemán. La chimenea está flanqueada por dos arcos huecos que en su día se utilizaron como estanterías. La forma redondeada, que se ha convertido en una de las señas de identidad de Ashe Leandro, se replica en un moderno espejo, así como en la entrada de la cocina y el salón.

El salón demuestra la predilección de Ashe Leandro por dar protagonismo a las texturas y no a los motivos o los papeles pintados dominantes. Fiel a la estética del estudio, Ashe optó por muebles de materiales naturales como el cáñamo (el sofá), el cuero y la paja (la alfombra) y el pino (el armario apenas sin pulir). «Quiero que sea un espacio sereno y sobrio. La gente entra y nota inmediatamente que hay calma», dice Ashe sobre la decisión de reducir la presencia de obras de arte a la mínima expresión. Por el contrario, ha optado por dar protagonismo a una pequeña selección de piezas, en su mayoría regalos de sus seres queridos: sobre el sofá hay colgado un cuadro de la casa de sus padres en Nuevo México y en la otomana hay una antigua manta navaja.

La anterior inquilina de la casa, la difunta artista Stella Chasteen, dejó varios muebles, como una butaca Lady de Marco Zanuso, una mesa auxiliar y una mesa de comedor de mármol. Ashe combinó esos objetos con sillas de su línea de muebles (Ruemmler) en el salón. También descubrió un armario lleno de cuadros de la artista, el sueño de todo diseñador, uno de los cuales está colgado en la habitación de su hija, donde también hay una mesa auxiliar Artek de Chasteen.

Quizá por influencia de la paleta de la artista, Ashe decidió pintar su dormitorio de un relajante azul grisáceo tras considerarlo «tal vez demasiado tranquilo». Aunque los tonos neutros dominan los espacios de Ashe Leandro, los diseñadores tienen buen ojo para poner un toque de color de vez en cuando en tonos mates y ahumados, que añaden profundidad a la vez que permiten que los objetos de alrededor respiren. Con su austeridad premeditada, para Ashe su casa es «monástica». Los apliques de hierro de la diáfana sala de estar contribuyen al ambiente de claustro, que invita a la calma y la contemplación. Amparada en el confort familiar y elementos que respetan la historia del edificio y de su antigua inquilina, la diseñadora ha concebido una casa al más puro estilo Ashe Leandro en la que la funcionalidad y la sofisticación forman un tándem perfecto.
—Stephanie Sporn

REINALDO LEANDRO (ASHE LEANDRO)

EAST HAMPTON, NUEVA YORK

Crear espacios atractivos para la vida moderna es una vocación para Reinaldo Leandro, el arquitecto nacido en Caracas, Venezuela. Él es una mitad de Ashe Leandro, el estudio de arquitectura y diseño neoyorquino que fundó en 2008 con la interiorista Ariel Ashe. Ambos han trabajado en proyectos virtuosos en todo el mundo para clientes como Jonny Buckland de Coldplay, el artista Rashid Johnson y el presentador de televisión Seth Meyers. En 2016, cuando Leandro y su novio, el interiorista Patrick McGrath, compraron y reformaron una modesta casa de fin de semana en la aldea de East Hampton, en los Springs, el arquitecto se ocupó de los cambios estructurales, mientras que McGrath se centró en el mobiliario. Según Leandro, fue una grata colaboración. «El proceso fue más bien un intercambio libre de ideas entre Patrick y yo sobre nuestro estilo de vida», asegura. «Pudimos saltarnos las presentaciones». El resultado es una casa que representa la estética de ambos y rezuma confianza estilística, carisma y encanto.

Con la tradicional fachada de tablillas enmarcada por imponentes cedros rojos de Virginia, setos bajos de boj y frondosos viburnos, la casa de dos plantas tiene un aire antiguo que parece contradecir que se construyera en el 2000. Leandro simplificó el ventanaje con la incorporación de ventanas más anchas con menos cristales, con lo que la casa adquirió un aspecto más limpio (moderno y atemporal) y se abrió a las vistas del jardín, diseñado por Perry Guillot. En el salón, el bucólico entorno ganó accesibilidad en el sentido visual y físico gracias a una serie de cristaleras con vistas a la piscina con borde de pizarra del jardín de atrás. El decapado del entarimado de anchas tablas de pino de la casa refrescó el espacio, al igual que pintar la chimenea de ladrillo rojo del salón con la misma pintura blanca de las paredes para crear un fondo neutro para el mobiliario y las obras de arte.

En la cocina, Leandro quitó el falso techo y las altas estanterías que rodeaban el espacio para dejar a la vista la línea del tejado con gablete y amplió la estancia de forma espectacular. Los muebles blancos y la isla verde con taburetes a juego son un guiño a la vegetación que hay al otro lado de las ventanas del fregadero. Al sustituir los tiradores de latón bruñido de los armarios por unos pomos negros más pequeños se reforzó el ambiente minimalista de la casa.

Tanto Leandro como McGrath son ávidos lectores, por eso fue fácil decidir la instalación de librerías del suelo al techo en la pared que separa la cocina del comedor. Para potenciar la sensación de zona de paso, «quise crear un profundo umbral entre la cocina y el comedor. Además, proporciona un gran anclaje y un telón de fondo al comedor». Extendió las estanterías hasta la línea angulosa del tejado para ampliar al máximo el espacio de exposición y potenciar la sensación de calidez y dignidad que aporta una pared llena de libros. Cuando McGrath decidió blanquear el tablero de la mesa de roble que habían elegido para el comedor y pintar la base de un negro muy satinado, al principio Leandro puso reparos, pero ahora está de acuerdo en que la transformó para bien. Rodeada de un elegante juego de sillas de mimbre de Marcel Breuer Cesca, contribuye a dar a la estancia un aire entre biblioteca de trabajo y espacio de ocio formal. Leandro se refiere a este rincón en estos términos: «Lo usamos constantemente, y no solo funciona bien para recibir a los amigos, que recibimos muchos, sino también como lugar de trabajo para ambos. La mesa suele estar abarrotada de libros que leemos para documentarnos e inspirarnos». —Joan Barzilay Freund

LEE LEDBETTER

NUEVA ORLEANS

La restauración de la casa de Nathaniel C. «Buster» Curtis Jr., el célebre arquitecto de Nueva Orleans, fue un hito en la carrera de Lee Ledbetter, un arquitecto e interiorista nacido en Luisiana que tiene su estudio en Crescent City. La oportunidad de vivir en una casa tan emblemática, que Ledbetter y su marido compraron a la viuda de Curtis en 2013 y en la que vivieron hasta principios de 2021, fue un sueño hecho realidad. Construida en 1963, es una obra de arte modernista ubicada en un enclave de grandes casas victorianas rodeadas de robles en el barrio de University City, cerca de Audubon Park. La construyó Curtis (cuyo estudio diseñó el Superdome en 1975) para él, su mujer y sus siete hijos.

La propiedad consiste en tres pabellones conectados por un largo vestíbulo central y cuatro patios con vegetación exuberante. Las zonas comunes se encuentran en los dos pabellones delanteros de acero y cristal y los dormitorios en el pabellón de atrás. Se trata de un complejo entramado oculto tras una pared blanca de ladrillo que lo hace invisible desde la calle. Ledbetter, que abrió su estudio en 1996, está familiarizado con el modernismo, el clasicismo y el diseño contemporáneo. Además, es un apasionado estudioso de la historia de Nueva Orleans. Cuanto más tiempo pasaba en la casa, más apreciaba la forma en que Curtis había difuminado hábilmente las líneas que separan el interior del exterior. Amplió la pared blanca de ladrillo del salón hasta los patios que lo delimitaban e instaló muros cortina de cristal y puertas correderas para crear vistas con las que la casa coqueteara visualmente consigo misma.

Ledbetter, que apostó por restaurar antes que renovar, actualizó muchos de los materiales de fácil mantenimiento que Curtis había elegido teniendo en cuenta su numerosa familia, incluidos los suelos de terrazo y pizarra negra y los muebles de nogal de George Nelson (diseñados ingeniosamente para que flotaran unos centímetros por encima del suelo para pasar cómodamente la aspiradora o la mopa). Ledbetter sustituyó las encimeras de fórmica blanca por otras más duraderas de Caesarstone y el revestimiento de vinilo lavable por un papel pintado neutro de yute de Phillip Jeffries, pero conservó los calientaplatos de cincuenta años de antigüedad de la familia Curtis, que aún funcionaban. «Me convertí en una especie de arqueólogo. Conservé todas las bisagras y las reutilicé o las guardé para otro uso. Intenté ponerme en la piel del señor Curtis lo mejor que pude», dice Ledbetter.

Para el color del mobiliario se inspiró en la interacción del cielo, las ramas de los robles y la luz del sol que entraba por toda la casa. Eligió el azul y el amarillo para los tapizados, pero trabajar con las telas desgastadas de hace casi sesenta años no siempre fue fácil. «El cristal no proporcionaba protección contra la radiación ultravioleta y aprendí algunas lecciones», explica Ledbetter, que el primer año cambió algunas telas que se desvanecían con facilidad por otras más duraderas. Compró varios muebles originales de la casa, incluido un cabecero diseñado por Nelson que retapizó e instaló en el dormitorio principal, los taburetes de Charles y Ray Eames de la barra y los globos del comedor de Raak, que subió para adaptarlos a sus 1,96 metros de estatura. A estas piezas añadió alfombras antiguas, sillones de estilo Luis XVI, muebles *mid-century* de diseñadores como Florence Knoll y T. H. Robsjohn-Gibbings y piezas a medida de su propio diseño, creando la combinación estilística atemporal que le caracteriza.

Revitalizar la obra maestra de Curtis fue un proyecto apasionante para Ledbetter y en 2021 vendió la casa, pero no sin cierta reticencia. «Me encantaba la pureza, pero no era la casa que habría diseñado desde cero», asegura. Como muchos arquitectos, siempre había querido diseñar y construir su propia casa, y cuando vio que cerca había una parcela en venta, algo insólito en el histórico Uptown District, no se lo pensó dos veces. Ledbetter está deseando crear su propia residencia icónica en la Big Easy.

—Joan Barzilay Freund

NAOKO TAKENOUCHI Y MARC WEBB

SINGAPUR

Cuando el arquitecto británico Marc Webb conoció a la interiorista japonesa Naoko Takenouchi mientras llevaban a cabo un proyecto en un hotel de Chiang Mai, Tailandia, fue el principio de un flechazo que definiría su vida personal y profesional. Ahora casados y con dos hijos, siguen trabajando a dúo como cofundadores del estudio de interiorismo homónimo, Takenouchi Webb, que está especializado en la industria hotelera. «Nos gusta reducir la esencia de un restaurante a la mínima expresión», dice Webb con relación al estilo que han aplicado a cafeterías tradicionales, restaurantes de lujo y hoteles *boutique* de toda Asia.

En 2019, Takenouchi y Webb compraron el ático de un bloque de viviendas de la década de 1950, «bastante antiguo para lo que es Singapur». El edificio se construyó junto al agua, pero su vivienda de dos habitaciones ha perdido su ubicación costera en la lucha por ganar terreno al mar de la ciudad-estado, aunque el ambiente marítimo pervive en el espacio etéreo y diáfano y las amplias vistas al bullicioso puerto de Singapur. «De noche ves moverse las gigantescas grúas, lo que da un agradable toque industrial a la casa», explica Webb.

Tras reducir la vivienda al «armazón», la pareja tiró tabiques para favorecer la ventilación necesaria para un clima tan templado. Utilizaron los materiales habituales de sus proyectos comerciales, desde el suelo de terrazo y madera hasta los azulejos de cerámica hechos a mano, por su «calidez y atemporalidad». Sin embargo, el color se redujo a una paleta neutra que sirviera de telón de fondo para su colección cada vez más numerosa de objetos y plantas. «La casa debería ser algo que puedes ir ampliando», aconseja Web. «En cuestión de arte y decoración, hay que adaptarse poco a poco a ella».

En su caso, una selección de piezas *vintage*, recuerdos de familia y muebles a medida reflejan el viaje de Takenouchi y Webb a esta vida compartida en el sudeste asiático. «Llegamos a Singapur como mochileros y poco a poco hemos reunido esta familia y estos objetos, así que hay un poco de todo», explica Webb. En una pared de la zona de estar diáfana, una mesa de comedor de teca maciza diseñada por ellos se complementa con sillas de estilo *mid-century* y una lámpara colgante de techo. Una gran escultura de madera de una familia con dos hijos (una obra que Webb admite haberse llevado a hurtadillas de casa de sus padres durante un viaje a su Inglaterra natal) aporta un toque sentimental, mientras que el cuerno curvado de una vaca que cogió en una carnicería de Gales también evoca recuerdos. «No son reliquias de incalculable valor, pero están cargadas de significado».

La creatividad de la familia está presente en cada rincón. En el dormitorio compartido de los niños, sobre la mesa de madera, hay una pizarra de corcho gigante donde cuelgan sus obras de arte favoritas. En el dormitorio principal hay más talento, donde una pintura abstracta de Webb en azul marino y blanco potencia el carácter náutico del apartamento. «Como es una casa familiar, es muy alegre», dice Webb. «Creo que intentamos que haya un ambiente estimulante para nuestros hijos y para nosotros».

Pese a su glamurosa clientela, Takenouchi y Webb tienen muy claras sus prioridades. Su casa, una estampa relajada y confortable de la vida familiar, da fe de ello. —Pip Usher

Katachi
ACHILLE CASTIGLIONI
geoffrey bawa the complete works

REMY RENZULLO

NUEVA YORK

Con su sed intelectual por el arte y el diseño del siglo XVIII y su curiosidad por descubrir los tesoros del mundo y llevarlos a su casa, Remy Renzullo mantiene vivo el espíritu del Grand Tour. Más allá de ser tachado de maximalista o tradicionalista, la estética del diseñador refleja su preocupación por la noción de coleccionismo. «Me interesa más la gente que colecciona cosas interesantes que un interior bien decorado en el sentido convencional. Me encanta ver que un espacio tiene personalidad», afirma Renzullo. «Va más allá de las telas y los colores. Hay que recopilar, investigar y comprender muchas de las maravillas del mundo, y unir esos elementos tan dispares entre sí».

No es de extrañar que el joven diseñador, que vive a caballo entre Nueva York y Londres, sienta predilección por la arquitectura histórica, como lo demuestra su antigua casa del Upper East Side, donde vivió desde 2016 hasta 2021. El edificio se construyó en 1898 para John D. Crimmins, un inmigrante que se convirtió en un exitoso comerciante de Nueva York y que deseaba una lujosa casa de estilo *beaux-arts*. Tras cambiar de manos en la década de 1950, la casa se dividió en apartamentos. El de Renzullo había sido en su día el salón de baile de Crimmins, de ahí sus techos de 4,3 metros de altura, sus proporciones únicas y sus fascinantes vidrieras originales.

Al entrar en el apartamento, Rezullo sintió que no estaba en Nueva York. Defensor de la conservación del patrimonio histórico, el diseñador redujo al mínimo la reforma estructural para mantener el espíritu antiguo. En el salón, diseñó una pared para albergar su amplia biblioteca de catálogos de subastas, revistas de *World of Interiors* y libros sobre arquitectura, jardines y tejidos, entre otros. Los salones de las casas de campo inglesas y el icónico apartamento amarillo de Nancy Lancaster sobre su tienda londinense, Colefax & Fowler, fueron dos influencias clave. «Me encanta la idea de un interior cavernoso, una especie de sala polivalente», dice, al haber concebido su salón como un espacio adecuado para el trabajo y el entretenimiento. Al principio de su carrera, Renzullo invitó con frecuencia a clientes potenciales a su casa para hablarles de sus preferencias, sus ambiciones y su predilección por decorar espacios llenos de arte, habitables y sin pretensiones.

Su casa fue también una lección sobre la selección de colores. Su salón estaba pintado en un cálido rojo etrusco que evocaba las antiguas paredes de ladrillo de Pompeya. La mayor parte de las obras de arte, incluido un enorme cuadro de *El viejo maestro* de Carl Borromäus Andreas Ruthart, databan del siglo XVII; sin embargo, el mobiliario abarcaba varios siglos y continentes. Un banco pintado y policromado de finales del reinado de Jorge III y un par de sillones tardovictorianos reflejaban su pasión por los muebles ingleses, mientras que una barra lacada en negro de la década de 1930 de la Maison Jansen y un sofá cama de principios del siglo XIX eran algunas de las piezas francesas destacadas.

Uno de los objetos más significativos de la sala era un sofá tapizado con una tela floral de Bennison. Diseñado y construido por su padre, fabricante de muebles, el sofá procedía de su casa de la infancia (en Connecticut) y había pasado por todos sus apartamentos desde que tenía diecinueve años. También había otras piezas cargadas de nostalgia en el dormitorio, que se pintó de verde pantano porque le reconfortan los tonos profundos y turbios. «Quería crear un ambiente muy oscuro, propio de la época victoriana tardía», dice. El aspecto de época se completó con una cama alta de hierro y latón y una colcha loca, que pertenecía a la colección de Lauren Bacall que le regaló su madre. Las muñecas *kachina* que adornaban las paredes también eran de su madre.

El apartamento de Renzullo en el Upper East Side siempre ocupará un lugar especial en su corazón y en su porfolio. «Decorarlo fue todo un reto, pero lo afronté como profesional y como persona. Este apartamento demostró que incluso cuando era un decorador novel no me intimidaban los espacios grandes». —Stephanie Sporn

KEN FULK

SAN FRANCISCO

El mantra de Ken Fulk cuando acomete un nuevo proyecto es «no te lo cargues». A lo largo de sus ilustres treinta años de carrera, el interiorista (que forma parte de la lista AD100 de *Architectural Digest* y ha sido nominado en dos ocasiones al premio de diseño James Beard) ha cosechado muchos éxitos con sus espacios profundamente evocadores, desde la elegancia retro en tonos pastel del Goodtime Hotel de Miami Beach hasta la majestuosidad de la época Gilded Age del club The 'Quin House de Boston.

Con clientes como Gigi Hadid y Pharrell Williams, Fulk es uno de los favoritos de la lista de los mejores interioristas de *ELLE DECOR*. Sin embargo, cuando vivía en su Virginia natal tenía asumido que seguiría una trayectoria mucho más convencional. «Pensaba, ¿cómo voy a salir de esta vida?», confiesa. «Siempre tuve esos delirios de grandeza». Cuando se instaló en Boston para ir a la universidad, conoció a su futuro marido en una lavandería y se trasladaron juntos a San Francisco en busca de la libertad que ofrecía la ciudad. Actualmente su empresa multidisciplinar (que, entre otras cosas, diseña una colección para la firma textil Pierre Frey, organiza veladas extravagantes e incluso bodas de vez en cuando) refleja su talento para fusionar una serie excepcional de habilidades como anfitrión adquiridas en una «familia matriarcal sureña» con su estatus a la vanguardia del diseño.

Aunque Fulk tiene fama como creador de ambientes inolvidables, su propia casa presentaba un reto inusual. Situada en Clarendon Heights, el barrio más alto de San Francisco, la mandó construir en 1959 el doctor Cloyce Duncan, uno de los psiquiatras más prestigiosos de la ciudad, y la diseñó un joven arquitecto modernista llamado Charles Warren Callister. Concebida como un homenaje al diseño japonés, la propiedad se construyó enteramente con madera de secuoya sin tratar e incluía un jardín contemplativo de inspiración zen. Cincuenta años después, cuando la viuda de Duncan decidió vender la casa, no se había cambiado ni un pomo de la estructura original. «Vivo en una casa tan particular y tan extraña que solo tuve esta influencia porque yo también la traté como una escultura o una obra de arte», dice Fulk, quien se refiere cariñosamente a ella como «la casa del árbol».

Las reformas consistieron en intervenciones cuidadosas solo según el estilo de la visión de Callister, como puertas correderas de secuoya y cristal en lugar de las que había de aluminio. «No quería tocar la estructura de la casa a menos que la dejara igual o la mejorara». A pesar de las limitaciones que presentaba un inmueble tan peculiar, Fulk encontró formas de añadir sus propias florituras artísticas. En el estudio, un diván utilizado por los clientes de Duncan se tapizó con estampado de leopardo, mientras que en el salón con techos de nueve metros rematados con bóveda de cañón ahora hay una higuera de hojas de violín que ha alcanzado proporciones épicas. «De algún modo [la casa] es capaz de manejar y celebrar estas vidas y las cosas que hay en ella», reflexiona. «Se convierte en un recipiente».

Dos habitaciones se sometieron a cambios más significativos: la antigua sala de costura y el baño. Fulk decidió transformar la sala de costura, que estaba encerrada detrás de las puertas que daban a la cocina, en un «rinconcito entrañable», con una librería a medida que refleja las curvas del techo abovedado. El mobiliario se ciñó a la paleta de la casa, como una silla de safari de cuero de color ámbar. Y un pequeño patio interior se transformó en un baño principal que emula el estilo rústico de la casa con hormigón trabajado en forma de tablas en las paredes, suelos de baldosas de hormigón y enormes losas de piedra marrón oscuro para la bañera y el lavabo que parecen madera petrificada.

Cuando Fulk se enamoró de la casa del árbol, le escribió una carta a la señora Duncan con la esperanza de convencerla de sus habilidades de custodio. Ella le respondió con un sabio consejo. «Me escribió y me dijo: "La casa solo tiene dos posibilidades, como templo o como palacio para fiestas, lo cual era perfecto para nosotros dos porque yo soy budista y él era un hedonista"», recuerda Fulk. «Y así es. A la casa le gusta una buena fiesta y también es un lugar muy contemplativo». —Pip Usher

MARTYN LAWRENCE BULLARD

LOS ÁNGELES

Martyn Lawrence Bullard cerró el círculo cuando, en 2018, se puso a la venta una entrañable casa de Los Ángeles que había diseñado hacía veinte años para un cliente. Situada en el corazón de West Hollywood, la propiedad incluía más de 4000 metros cuadrados de jardín, por lo que estaba increíblemente aislada y muy cotizada. El interiorista británico de las estrellas aprovechó la ocasión para unirse a la lista de propietarios ilustres de la casa, como Dennis Hopper, Tina Turner, Andy Warhol y Craig Kilborn, que es uno de los clientes de Bullard.

Aunque la villa de estilo español de 1923 había cambiado de manos dos veces desde que Kilborn fuera el propietario, cuando Bullard volvió a visitarla la encontró tal como la había dejado. Para transformar el espacio oscuro y masculino en un refugio glamuroso y contemporáneo donde Bullard, su pareja y su *wheaten terrier* pudieran relajarse, se embarcó en una reforma interior y exterior a gran escala. La intervención más importante consistió en echar abajo los tabiques del dormitorio principal y el baño, y ampliar la vivienda para crear una *suite* con amplios vestidores.

Conocido por dar un giro glamuroso a los interiores bohemios, Bullard concibió una residencia que podía transportarle a una fantasía de estilos marroquí y Hollywood Regency. La fuerza monocromática de la paleta blanquinegra, otra de sus señas de identidad, se distingue vistosamente en los suelos de mármol y roble, los azulejos y los abundantes estampados. La presencia de dorados y latón aporta glamur, mientras que los toques de verde, el color favorito de Bullard, y los tonos magenta y berenjena crean una llamativa paleta de colores joya diferente. Con la combinación de detalles arquitectónicos marroquíes, como las puertas en forma de ojo de cerradura, y muebles de estilo *mid-century* y contemporáneos, Bullard rinde homenaje a la forma de habitar la casa de Hopper.

Uno de los espacios más apreciados por el interiorista es una acogedora sala de proyecciones con pufs, cojines de pelo largo y mesas con incrustaciones marroquíes. «Hay un viejo dicho que dice: "la casa de un inglés es su castillo", lo que significa que tu casa tiene que ser tu santuario. Siempre busco que mis casas den la sensación de estar de vacaciones». Envuelta con un techo de tela de rayas de Schumacher, la sala de proyecciones consigue precisamente eso con el sofá cama magenta ideal para relajarse y ver películas. Allí, las esculturas murales de Guinevere complementan el motivo de hojas de palmera de la casa, igual que el papel pintado abarrotado de follaje de Bullard para Cole & Son en el bar. El entretenimiento se extiende al jardín, donde Bullard ha excavado una parte de la ladera para crear una zona con asientos y un pozo para hacer fuego al estilo de un *resort* al aire libre, una iniciativa que desde entonces ha repetido para varios clientes.

Falta ver si el cielo y las nubes naturales ofrecen mejores vistas que las que se observan en el salón de Bullard, donde el artista Brad Southwick estuvo tres semanas tumbado de espaldas pintando el enrejado blanco y negro del techo. «Es mi propia versión de la Capilla Sixtina», dice Bullard, que yuxtapone geometrías con tejidos afelpados y los asientos de piel de oveja y seda verde. La gran variedad de objetos de arte y diseño incluye fragmentos de mármol romano del siglo I a.C., lámparas en forma de palmera de la década de 1970 de Maison Jansen y serigrafías de Andy Warhol.

En cada habitación hay al menos una pieza personalizada notable, como la cama con dosel en negro y latón de MLB Atelier del dormitorio principal o la base de la mesa Mastercraft de la década de 1970 del comedor, complementada con un tablero de Caesarstone. La espectacular cocina en verde y blanco de Christopher Peacock cuenta con pantallas marroquíes talladas a mano y placas de fondo de latón.

«Para mí, la decoración no tiene reglas. Estoy convencido de que hay que trabajar el interiorismo en función de la personalidad, la arquitectura y los deseos de alguien», dice Bullard. «Esta casa refleja mi amor por los viajes, el color y el eclecticismo de mis propias colecciones». —Stephanie Sporn

PIMM'S
LILLET
BULLDOG

SARA RUFFIN COSTELLO

NUEVA ORLEANS

«Como neoyorquina, siempre piensas a qué lugar irías que no fuera Nueva York», dice Sara Ruffin Costello. Natural de Virginia, la interiorista bohemia, escritora y exdirectora creativa fundadora de la revista *Domino* vivió dieciocho años en la ciudad y compartió la mentalidad «o Nueva York o nada» con su marido, el fotógrafo y conservador de arte Paul Costello, que llevaba dos décadas allí. Sin embargo, todo cambió en 2010, cuando la pareja visitó a unos amigos en Nueva Orleans y uno de ellos, que resultó ser un agente inmobiliario, pensó con acierto enseñarles una gran casa rosa de dos plantas de estilo gótico italianizante en el codiciado barrio de Garden District. «En cuanto entramos en esta casa quedamos prendados de ella, le fuimos infiel a Nueva York en cuestión de minutos».

Se puede decir sin temor a equivocarse que la historia de amor triunfó y casi un año y medio después los cinco miembros de la familia se mudaron al sur y no se arrepienten. La transición a la vida en Nueva Orleans fue sorprendentemente fácil. Sara, que había estudiado en la Universidad de Tulane, tenía varios amigos allí y, como a la pareja le encanta la historia, la cultura y la diversión, era como si la ciudad estuviera hecha a medida para ellos. «Nos gusta mucho acometer proyectos de arquitectura antigua en ruinas. Esta casa era como una máquina del tiempo que nos devolvía a la época dorada de Nueva Orleans».

Para acondicionar la casa para la familia y los huéspedes, Costello habló con el arquitecto Michael Carbine, toda una leyenda local responsable de muchas restauraciones de casas históricas de la ciudad. Al ser la cuarta propietaria de la casa desde su construcción en 1868, Costello hizo lo posible por restaurar los detalles originales (como las paredes y los rosetones de yeso) e incorporó soluciones de almacenamiento ocultas, una cocina moderna y una piscina para mayor comodidad de la familia. Construida por Henry Howard y James Gallier, dos prestigiosos arquitectos de Nueva Orleans, la casa también enamoró a los Costello por la escalera oculta (una seña de identidad de los diseños de Howard), por lo que las veladas podían celebrarse incluso en el pasillo ininterrumpido.

Costello da rienda suelta a su espíritu desenfadado en la casa, que reconoce que es menos rígida que las que diseña para su clientela. Sin embargo, la vivienda está en un estado de calculada despreocupación, con libros y discos desperdigados por el suelo. La interiorista tiende a incorporar más color en los espacios de sus clientes (su paleta para el hotel *boutique* de Nueva Orleans The Chloe, por ejemplo, está formada por colores intensos y saturados), pero en su casa prefiere tonos relajados de beis y cáscara de huevo. Eso sí, a excepción de la biblioteca, donde las paredes verde pantano hacen juego con las persianas, el suelo del porche y el mobiliario exterior. Las flores del jardín y una habitación con un enrejado de la parte de atrás de la casa también añaden toques de verdor.

Los Costello pasan mucho tiempo en el salón bañado por el sol, que ocupa toda la longitud de la casa, como un doble salón o un salón de baile formal. Sobre la chimenea, un espejo con el marco ornamental dorado, que venía con la casa, contrasta con la alfombra de yute, los muebles de madera estadounidenses del siglo XVII y un sofá de cuero blanco. La mezcla de antiguas fotos de familia y recuerdos del Mardi Gras conviven con piezas de diseño *vintage*, como una silla de Robsjohn-Gibbings y una lámpara de papel de Noguchi. Sobre esta combinación ecléctica, Costello dice: «Tal vez sea la habitación más alegre que he visto en mi vida». Los animados espacios continúan hasta el comedor, donde unas sillas antiguas francesas y un sofá de *chintz* enmarcan una mesa de pimpón. «No podría vivir sin ella», dice Costello. «Además, la red se puede quitar y, si la cubrimos con un mantel, es una mesa perfecta para grandes cenas».

Desde que vive en su oasis particular rodeada de infinitas fuentes de inspiración, nunca se había sentido tan productiva profesionalmente ni tan satisfecha a nivel personal como en este momento. «Hay una sensación de estar en el Caribe, como si estuviéramos de vacaciones. Tal vez por eso hemos sido tan creativos. Por todas esas palmeras y por vivir en una casa rosa». —Stephanie Sporn

VEERE GRENNEY

LONDRES

Cuando Veere Grenney compró una casa georgiana de doble fachada en el centro de Londres, esta no se había remodelado desde la Segunda Guerra Mundial y necesitaba una reforma integral. Un proyecto de esta envergadura habría amilanado a cualquiera, pero Grenney, un interiorista de origen neozelandés cuyo estilo de inspiración clásica lo ha convertido en una autoridad del buen gusto, estuvo encantado de poder reacondicionar la vivienda de cuatro plantas de arriba abajo.

«Lo bueno de diseñar tu propia casa es que es exactamente cómo quieres que sea», dice Grenney, que dejó atrás una acomodada infancia en Auckland para viajar por tierra desde Singapur hasta Londres, donde abrió un puesto de antigüedades en el Portobello Road Market de Notting Hill. Tras aprender el oficio con Mary Fox Linton y David Hicks, se convirtió en director de la empresa de interiorismo Sibyl Colefax & John Fowler, una experiencia fundamental que le inculcó un profundo aprecio por la calidad y la confección. En 1996, Grenney fundó su estudio homónimo, y desde entonces ha llevado su estética refinada a proyectos residenciales tan variados como una vasta finca rural de Oxfordshire, Inglaterra, o una casa de bambú en la playa de una isla caribeña.

«Desde un punto de vista clásico, todo gira en torno a la simetría y el orden», dice de la minuciosa atención por la armonía que se aprecia en sus diseños. Debido a su arquitectura del siglo XIX, esta propiedad londinense posee un innato sentido de la simetría que Grenney quiso complementar con una paleta cromática fuerte y una selección suntuosa de tejidos. En la sala de estar, las paredes están tapizadas con terciopelo de seda de un exuberante color verde elegido por Grenney porque combinaba con el sofá azul claro y los marcos dorados de las pinturas. «Siempre pienso que hay que ser valiente con el color», dice Grenney de su decisión de incorporar tonos más oscuros. «Así eres más dueño de lo que haces».

También tapizó el comedor y la biblioteca, comunicados entre sí, esta vez con una tela estampada xilográficamente a mano con un motivo veneciano inspirado en un diseño del siglo XV. La mesa del comedor se encargó a medida para que encajara perfectamente en el espacio, mientras que la colección de obras de arte de Grenney (básicamente pintores ingleses de posguerra) preside las paredes.

La *suite* principal se decoró con ropa blanca de lino y adornos dorados de seda, desde el drapeado que rodea la cama con dosel hasta las cortinas a juego. A falta de armarios, Grenney transformó una pequeña habitación de la planta de abajo en un vestidor que cuenta con una cama enmarcada acogedoramente por unas cortinas de cachemira de color ocre. «Me encanta hacer nichos de camas», dice. «Es muy de niños. A los niños les encanta hacer cabañas debajo de la mesa, de ahí este elemento».

Desde que Grenney decoró la casa hace doce años, ha permanecido intacta. «De momento me encanta como está», asegura, y reconoce que las nuevas incorporaciones a su cartera de propiedades, como una villa en Tánger, Marruecos, son nuevos lienzos en los que puede experimentar. «Creo que siempre está bien hacer cosas únicas para uno mismo, y acogedoras, que es de lo que se trata cuando es una casa». —Pip Usher

KELLY BEHUN

SOUTHAMPTON, NUEVA YORK

La diseñadora Kelly Behun y su marido, Jay Sugarman, se sienten como en casa en Long Island. Tras llevar años visitando la zona de los Hamptons e involucrándose cada vez más en su comunidad, a principios de la década de los 2000 decidieron hacer realidad la casa frente al mar con la que siempre habían soñado. Diseñada por los arquitectos Brian Sawyer y John Berson, de Sawyer | Berson, la amplia casa está cubierta de ventanas de cristal, con vistas tan dinámicas y zen como los interiores diseñados por Behun. Al decorar este espacio, tenía un objetivo claro: crear un hogar familiar para siempre.

Behun, afincada en Manhattan y famosa por su impresionante cartera de clientes, como Alicia Keys y Swizz Beatz, ha encontrado un santuario en la belleza natural que rodea su casa de los Hamptons. «Es el tipo de lugar donde puedes respirar y recargar las pilas tras el estrés de la vida en la ciudad», dice. Behun diseñó la vivienda como un oasis interior y exterior, con una paleta de colores neutros. La casa está llena de *souvenirs*: almohadas marroquíes, telas africanas de Kuba y un tesoro de cerámicas, que añaden textura a los muebles de lino y a los elegantes suelos de nogal.

Junto a la entrada hay una imponente escalera curva de yeso blanco, que evoca las casas de las islas griegas y ofrece un toque suave y refrescante. «El salón resume el estilo general de la casa, que es muy sencilla y llena de materiales naturales y orgánicos», explica Behun. En el centro de la estancia hay una mesa que creó para la Colección Invisible y que utiliza tanto para cenas informales como formales. Behun experimenta a menudo con nuevos diseños en su casa, pero esta mesa es su favorita. Con un tablero de ébano de macasar de forma indefinida y una base de baldosas de cerámica cortadas a mano e inspiradas en la arquitectura paisajística amorfa de Roberto Burle Marx, la pieza refleja su amor por los muebles esculturales, que han llegado a definir sus interiores contemporáneos. «Evoca el océano y la hierba de las dunas cuando sopla el viento», comenta Behun sobre el dinamismo que sugieren el patrón ondulante y la forma de la mesa. Al cinetismo del espacio, otra marca característica de sus diseños, se suman unos bancos curvilíneos de mimbre de IKEA y una silla y un taburete de cuerda de Christian Astuguevieille.

También hay obras del artista francés en el dormitorio principal, donde una silla con flecos descansa junto a una cama de nogal blanqueado hecha a medida y unas mesas auxiliares que parecen levitar. En lugar de un cabecero tradicional, se construyó una sencilla hornacina iluminada y, encima, como si fuera un pájaro en pleno vuelo, hay una obra de arte asimétrica hecha con cinta de encuadernación por Derrick Velasquez. El cuarto de baño es aún más tranquilo, un espacio vital en sí mismo. Behun también creó un moderno porche cubierto, al que se accede a través de una puerta corredera, que recuerda al de la casa de su infancia, en Pensilvania.

Si el baño es el refugio personal de Behun, la biblioteca es el de su marido. Bajo un techo de doble altura, la habitación cuenta con estanterías empotradas que albergan su colección de libros, obras de arte y recuerdos familiares. El escritorio situado frente a las estanterías es un elemento exclusivo de la casa: su tapa de acero inoxidable era un prototipo para los muros de contención de la propiedad. Antes de que se construyera la casa, el escritorio pasó más de un año a la intemperie y el aire salino le proporcionó la pátina perfecta. Una sencilla base de madera compensa la superficie texturizada.

Aunque a Behun le gustan los espacios interiores de la casa, el paisaje es lo más importante para ella. Viven en primera línea de una playa pública, que la diseñadora y su familia se encargan de limpiar todos los días desde que sus hijos eran pequeños. «Es un ritual que nos hace sentir muy conectados con la tierra», afirma Behun. «Es lo mínimo que podemos hacer por tener el privilegio de vivir aquí».
—Stephanie Sporn

NOISE

KISS
KISS

BILLY COTTON

NUEVA YORK

Billy Cotton realmente ha pasado por todo con su apartamento en el barrio neoyorquino de Chelsea. En 1999, cuando todavía estaba estudiando diseño en el Hunter College, lo encontró en un anuncio de *The New York Times* y lo alquiló sin haberlo siquiera visto. Tres años después un incendió lo arrasó casi por completo, lo que cambió para siempre su relación con los objetos materiales. Tras varias relaciones, su entrada al mundo profesional e incluso este devastador suceso, este pequeño apartamento de una sola habitación ha sido una constante en su vida durante más de dos décadas. Y confía en que siempre estarán ahí el uno para el otro.

Mientras su carrera de diseñador florecía después de fundar su firma homónima en 2007 y el apartamento se sometía a reparaciones, Cotton vivió en un estudio en Brooklyn hasta que pudo volver a su hogar de Chelsea en 2012. El diseño actual de la vivienda es mucho más sobrio que los de sus clientes. En sus proyectos, que también abarcan espacios comerciales y diseño de productos, sus interiores residenciales tienden a reflejar una suntuosa sensibilidad bohemia que fusiona el pasado y el presente. El apartamento de Cotton se encuentra en un antiguo bloque de viviendas que, a comienzos de la década de 1980, fue reformado y despojado de sus elementos históricos. Tras el incendio, Cotton los recuperó en parte. Optó por molduras modestas, rodapiés tradicionales y azulejos metro como guiños sutiles al origen humilde del lugar. Aunque el incendio le proporcionó un lienzo en blanco, consideró que un interior excesivamente sofisticado en un edificio tan rudimentario sería despojarlo de su sentido de pertenencia al lugar. «Me encantan los objetos. Me encanta la belleza. Pero, después de pasar el día mirando objetos, me gusta descansar la vista», dice de la paleta neutra y de la sobriedad de su hogar. «Realmente reflexiono sobre cómo es la existencia más mínima».

A pesar de la discreción de su estilo, el diseñador también incorporó algunos de los elementos esenciales de su práctica profesional. «Me encanta envolver un apartamento en color para que no haya distinción entre las molduras, las paredes y el techo. En este caso, también incluí el suelo», explica, para el que escogió el blanco roto. «Como no hay ruptura visual, el espacio parece más grande». En el apartamento encontramos otros dos de sus sellos: el uso de armarios clásicos en la cocina y, en el salón, un sofá que parece ya integrado en el espacio.

Los objetos y el mobiliario son igualmente sobrios. Alrededor del banco hay un cuadro geométrico del artista británico Paul Lee, el primer amor de Cotton, así como una escultura de Majlena Braun. La mesa de centro es una de las muchas piezas diseñadas por Cotton, al igual que la araña Pick Up Stick, que cuelga sobre la mesa rústica de madera del comedor. Las sillas antiguas y de época aportan textura al espacio, así como un toque histórico, y los apliques con pantalla compensan detalles más contemporáneos, como las estanterías flotantes y los muebles de líneas rectas, y logran una combinación atemporal.

Teniendo en cuenta que Cotton ha vivido los altibajos de su vida en este apartamento, decir que ha establecido una relación íntima con este espacio es más bien un eufemismo. «No creo que deje este apartamento jamás», afirma. «Siempre ha estado ahí para mí». A través de su amor, su paciencia y su resistencia, el diseñador ha demostrado que la satisfacción no siempre consiste en buscar lo nuevo, sino en la capacidad de abrazar una comodidad insustituible y un sentimiento de reciprocidad en lo inmutable.
—Stephanie Sporn

AMERICAN LION
MELVILLE
1968
Jack Pierson
TELEVISION
de Kooning

TAMSIN JOHNSON

SÍDNEY

Hija de anticuarios y comerciantes de arte, Tamsin Johnson creció inmersa en un mundo de belleza. Esta educación temprana dio sus frutos porque, además de abrir su propia tienda de antigüedades, en 2013 fundó el estudio homónimo, Tamsin Johnson Interior Design, que enseguida ganó prestigio por su habilidad para combinar elementos clásicos y contemporáneos. Actualmente, su mirada de experta está presente en diversos proyectos, desde casas de playa y hoteles *boutique* hasta las salas de exposiciones de P. Johnson, el negocio de sastrería a medida de su marido.

Aunque Johnson está detrás de algunos de los proyectos de interiorismo más elegantes de Australia, del que se siente más orgullosa es de su propia casa en el exclusivo barrio de Darling Point, en Sídney. Construida en la década de 1920, la histórica propiedad tiene un peculiar estilo arquitectónico con marcos de puerta de madera e imponentes ventanas de cuadrícula con vistas al puerto. Después de ver la casa durante el confinamiento, su potencial resultó lo bastante «irresistible» para que Johnson vendiera su bungaló de la playa, reubicara a su familia en un nuevo vecindario y se embarcara en una reforma a gran escala. Dieciocho meses después, la casa se ha restaurado a conciencia para devolverle su esplendor original pese a las nuevas incorporaciones, como el baño principal con planchas de mármol gris frío y la cocina minimalista de un tono tiramisú claro. Con relación al equilibrio que hay que buscar en los edificios históricos, Johnson asegura: «Siempre trato de conseguir "frescura" en mi trabajo, por desangelados y sobrios que sean los espacios. He dado vida al interior con esta frescura. Es una sorpresa agradable en comparación con la apariencia más oscura y sólida del edificio. Pero esto no significa que le haya restado personalidad, puesto que hay una complejidad más profunda y madura que se suma a la arquitectura».

La delicada interacción entre lo antiguo y lo nuevo se tradujo en un efecto sorprendente en el salón, que cuenta con techos con molduras y una imponente chimenea. Johnson potenció estos rasgos de época con una araña de cristal francesa del siglo XVIII, un par de asientos parecidos a bancos de iglesia que encontró durante un viaje al norte del estado de Nueva York en busca de antigüedades y dos sofás iguales de siluetas clásicas. Con este telón de fondo introdujo piezas que añadían deliberadamente cierto toque decadente, como una escultura contemporánea hecha de resplandecientes fragmentos de acero inoxidable.

En el amplio dormitorio principal, el punto de partida de Johnson fue una antigua alfombra turca. Sus colores se replicaron en un banco chinesco del siglo XVIII tapizado con un suntuoso terciopelo de Dominique Kieffer, que Johnson equilibró con una cama con dosel contemporánea y una lámpara *art déco* también de hierro forjado. Para garantizar ese elemento discordante fundamental, en las robustas mesitas de madera puso lámparas de cuero cosido del diseñador modernista francés Jacques Adnet a las que añadió pantallas con destacados remates. «Me encanta el efecto sorpresa y lo insólito. Pero también me gusta que un espacio parezca que siempre ha estado ahí, y no como algo calculado hasta el más mínimo detalle».

Como anticuaria, Johnson es optimista a la hora de hacer cambios en lo que a sus posesiones se refiere. En lugar de oponerse a las idas y venidas de nuevas piezas, lo ha aceptado como parte de la evolución natural de su hogar. En su opinión: «Siempre hay algo que traer a casa, algo que hacer, algo que mantener. Creo que la clave está en aceptarlo y disfrutar del proceso». —Pip Usher

JOSEPH DIRAND

PARÍS

Joseph Dirand se nutre de las novedades. El cotizado arquitecto e interiorista francés elige proyectos eclécticos en lugares remotos, ya sea el hotel Four Seasons del Surf Club de Miami o una nueva discoteca en Hong Kong. En sus glamurosos encargos, Dirand aplica su «minimalismo ornamental» (un estilo que empezó siendo devotamente minimalista, pero que ha evolucionado hacia un planteamiento más complejo) para crear espacios elegantemente sobrios inspirados en influencias locales.

Pese a su entusiasmo por lo desconocido, Dirand era reacio a dejar su querido hogar de alquiler cuando la ampliación de su familia le obligó a buscar una casa más grande. Solo cuando le mostraron un apartamento en una ladera del próspero distrito XVI de París, la idea de un nuevo hogar se convirtió en algo emocionante. «Era exactamente igual, pero mejor y más grande», dice del amplio apartamento, que cuenta con techos altos, vistas del amanecer y una panorámica que incluye la torre Eiffel. «Así que dije, vale, perfecto, solo es cuestión de trasladar mi antigua casa a esta».

Cuando empezaron las reformas, el plan inicial se alteró con nuevas ideas. En el pasillo, la incorporación de tres puertas arqueadas creó una sensación de majestuosidad propia de las villas toscanas. Talladas de enormes bloques de caliza francesa, los canteros moldearon a mano sus bordes redondeados para conseguir una textura «muy suave y hermosa». Dirand volvió a recurrir a su pasión por la artesanía tradicional cuando decidió transformar un largo pasillo, el «espacio más aburrido», en un vestidor con armarios a ambos lados. Encargó a unos artistas que pintaran una obra abstracta de colores inquietantes, «una especie de paisaje con niebla», y luego la cortaron en doce paneles que encajaron en las puertas de los armarios.

Hijo de Jacques Dirand, un prestigioso fotógrafo de arquitectura de la década de 1970, el interiorista creció rodeado de imágenes de los viajes de su padre. Hoy tiene su propia casa llena de objetos y obras de arte que compró por «flechazos y enamoramientos». En el salón, un pequeño escritorio del legendario diseñador francés Pierre Chareau despierta mucha expectación por la naturaleza radical de su diseño *art nouveau*. Junto a él hay un taburete en forma de cubo que Le Corbusier, el representante por excelencia del modernismo, diseñó como una pieza multiuso para una residencia de estudiantes. «La absoluta austeridad del diseño, la absoluta riqueza de este concepto de funcionalidad», dice Dirand de la importancia imperecedera del taburete en la historia del diseño.

La cocina es el punto neurálgico para la familia. Dominada por una enorme losa de mármol Breccia Stazzema de color marfil, la isla central es un lugar relajado de reunión para Dirand, su mujer y sus tres hijos (dos de los cuales son de anteriores matrimonios). «Era demasiado valiosa para dársela a alguien», dice Dirand de la piedra que descubrió cuando trabajaba en un proyecto y guardó en un almacén hasta que le encontró un uso. Veteado en azul intenso, color caramelo y gris, la paleta del mármol se refleja en toda la cocina, desde la cálida tonalidad de las paredes estucadas hasta los cojines azul marino del sofá banqueta. «Se convirtió en una obra de arte creada por la naturaleza», explica.

Como minimalista, Dirand es disciplinado cuando se trata de sus tendencias coleccionistas. «Mi único problema es que mi apartamento está lleno», dice cuando le preguntan si contempla más cambios en su casa. «A veces ves fotos de antiguos coleccionistas que han colgado cuadros desde suelo hasta techo, a veces incluso en el mismo techo. No quiero llegar a ese extremo». —Pip Usher

JACQUES GARCIA

PARÍS

Tras haber restaurado las habitaciones de numerosos castillos franceses, incluidos los antiguos aposentos privados de Luis XIV, Luis XV y Luis XVI en el Palacio de Versalles, Jacques Garcia se ha convertido en todo un especialista en crear estancias dignas de un rey. Con una carrera de casi cuatro décadas, este legendario arquitecto y diseñador es casi un miembro de la realeza francesa: ha trabajado en proyectos para más de cuarenta restaurantes, hoteles e instituciones de París, desde el Hotel Costes y la Maison Souquet hasta el Louvre y la Maison Ladurée. Tanto en interiores comerciales internacionales como en residencias privadas, ha popularizado la moda de las habitaciones oscuras, sensuales y grandiosas en las que los tonos joya y los detalles eclécticos aportan un ambiente bohemio de lujo.

En 2019 Garcia comenzó a trabajar en su nuevo domicilio, una mansión situada en el distrito VI de París, cerca del Palacio de Luxemburgo. Construida en la década de 1650, le llamó la atención el jardín de 1500 metros cuadrados y su espectacular escalera. Mientras reformaba el ala más grande (en la que quiere vivir hasta el último de sus días), se acomodó en un apartamento más pequeño de la misma, que amuebló con objetos que también incorporará en su próxima residencia. «La temporalidad no influye en mis decisiones. Concebí este apartamento y toda la casa como un espacio abierto y contemporáneo, un lugar en el que la historia que comenzó a mediados del siglo XVII sigue su curso», dice. «Quiero combinar objetos antiguos y contemporáneos, restaurar la historia de la casa e invertir en el pasado».

Garcia creó un diálogo estilístico entre generaciones de artes visuales y decorativas francesas. «Las obras maestras del arte francés de este apartamento son la base perfecta para complementar el resto de las obras de arte», explica. «Es lo que permite que una obra de Niki de Saint Phalle, por ejemplo, ocupe el lugar que le corresponde en la historia». En el salón, una figura curvilínea esculpida por esta artista multidisciplinar franco-americana luce entre dos lámparas de la artista y escultora francesa contemporánea Hélène de Saint Lager sobre una mesa diseñada por el propio Garcia. En el extremo opuesto del salón, un par de esculturas de yeso de Henri Matisse flanquean una chimenea, que sostiene dos jarrones del diseñador Hubert Le Gall, amigo íntimo de Garcia. Sobre la chimenea cuelga un cuadro de Yves Klein, en el emblemático tono azul del artista. «Siempre me ha fascinado el arte conceptual y minimalista», afirma, que compró el lienzo cuando tenía veinte años. Las paredes, con un sencillo revestimiento *boiserie* del siglo XVIII, hacen de telón de fondo para dos monumentales cuadros de príncipes de los Medici pintados por discípulos de Miguel Ángel.

A Garcia le atrajo el «aire noble» del apartamento y siente que la casa forma una enorme habitación por la armoniosa «mezcla entre el mundo clásico y el contemporáneo» de las tres estancias principales: el salón, el dormitorio y la biblioteca. En esta última, un cuadro retroiluminado de Pierre-Yves Hervy-Vaillant cuelga entre acuarelas de Jeffrey Bailey, que representan la finca normanda de Garcia, el Château du Champ de Bataille. Dos enormes tapices de los Gobelinos cubren las paredes del dormitorio, y la cama tiene también una larga historia: formó parte de las colecciones de la amante de Luis XV, Madame du Barry, y de Cécile Sorel, una famosa actriz cómica francesa.

«Lo más valioso es el alma que le damos a un lugar, y eso implica armonía y cultura». Con un profundo respeto hacia la historia de Francia tanto en sus colecciones de arte como en sus domicilios históricos, la futura vivienda del diseñador será, sin duda, tan «conmovedora» y asombrosa como la que habita de manera provisional. —Stephanie Sporn

LONDRES

Cuando Faye Toogood crea un proyecto de interiorismo, es como si la arquitectura fuera su clienta. En lugar de ceñirse a un estilo definido, la polifacética diseñadora británica deja que el espacio dicte lo que necesita. Antes de la casa de Highgate, en el norte de Londres, donde vivió de 2014 a 2019, Toogood vivía en una casa de la época georgiana tardía decorada en azules oscuros y tonos sombríos que ella comparaba con una pintura de Vermeer. Sin embargo, en el contexto de su residencia de Highgate (construida en la década de 1960 y modesta en términos de tamaño y materiales) sus muebles antiguos, oscuros y decorativos quedaban fuera de lugar. Había que hacer una renovación.

Fue el marido de Toogood, Matt Gibberd, cofundador de la inmobiliaria Modern House, quien descubrió la casa de la que ambos quedaron prendados. Para él, el atractivo fue la importancia arquitectónica: el arquitecto de origen suizo Walter Segal, uno de los primeros y más destacados impulsores de la autoconstrucción en el Reino Unido, concibió esta casa de estilo *mid-century* para su familia. Para Toogood, el aliciente fue el amplio jardín. La casa no solo destacaba por su contraste con la multitud de construcciones victorianas y georgianas del norte de Londres, sino que además estaba escondida en medio de un exuberante paisaje. Para la pareja era fundamental hacer honor a la visión minimalista del creador de esta casa familiar. Convencida de que la vivienda de ladrillo no debía sufrir ningún cambio, Toogood mantuvo la estructura y la distribución originales.

En el interior, una paleta neutra de blanco y gris claro, con materiales naturales, dejaba todo el protagonismo a la arquitectura. Se revistieron varias paredes con paneles de madera tipo sauna de la década de 1960 y las ventanas del suelo al techo de cristales sin enmarcar permitieron que la luz entrara a raudales. Toogood planteó el arte y el diseño de la casa con una premisa: tenía que ser monocromática. «Esta casa de la década de 1960 era como vivir con una escultura de Barbara Hepworth o un jarrón blanco de Lucie Rie. Era el primer lugar donde podíamos llevar una vida más moderna, y realmente reflejaba nuestra forma de vivir».

Durante este tiempo, Toogood se decoloró el pelo y solo vestía de blanco, como si fuera una actriz de método involuntario que viviera y respirara su trabajo. La casa supuso un punto de inflexión personal y profesional en la trayectoria de Toogood, puesto que estaba desarrollando un nuevo lenguaje de interiorismo que daría como resultado algunas de las piezas más emblemáticas de su carrera. Mientras vivía allí también tuvo su primer hijo, lo que la llevaría a crear sus icónicos muebles curvos, como la silla Roly-Poly. En el comedor, otros de sus diseños se sientan a la mesa. «Era sobre todo una casa para poner los muebles, los objetos y la ropa que estaba creando por entonces y vivir con todo ello», asegura Toogood, quien, por ejemplo, forró las puertas de su vestidor con fieltro grueso de color crema e hizo unas cortinas con lona natural, dos materiales que incorporaba a sus diseños de vestuario. El estudio de Toogood también hizo la mesita de yeso blanco, el tapiz y el mueble con puertas tambor del salón.

Mezcló sus creaciones con piedras que coleccionaba, obras de amigos artistas y diseñadores (como Max Lamb, Bethan Laura Wood y Martino Gamper y su mujer, Francis Upritchard) y fotos de los fotógrafos de interiorismo Henry Bourne y Tobias Alexander Harvey, con los que había trabajado anteriormente. «La casa era un lugar muy tranquilo, fácil y ordenado para vivir», dice Toogood, quien durante una época muy ajetreada de su vida encontró liberador el ambiente sencillo pero personal de la vivienda. «No solo ejercía de santuario, sino también de lienzo en blanco, literalmente». —Stephanie Sporn

DAVID KAIHOI (REDD KAIHOI)

NUEVA YORK

Entrar en la casa familiar del diseñador David Kaihoi es como caer en la madriguera más *chic* de Nueva York. Al entrar, te sumerges de inmediato en un mar vertiginoso de bloques marrones y marfiles que visten el suelo, las paredes y el techo. Nadie diría que es un apartamento de dos habitaciones en el East Village. Tras vivir en el barrio durante más de doce años, Kaihoi y su esposa, Monique, hicieron una oferta por esta vivienda de preguerra cuando sus amigos (que viven en el piso de abajo) les avisaron de que se quedaba libre. Nada más comprarla, hace más de una década, Kaihoi comenzó a transformarla en la casa de sus sueños, un espacio que se hace eco de la energía errante y artística de la comunidad local que tanto aman.

Kaihoi decidió apostar por el lema del «hazlo tú mismo» en todos los aspectos de la casa, empezando por la entrada geométrica «Medici-fantasy», donde estarció y pintó a mano el papel y el suelo de madera junto con su compañero y diseñador de interiores Miles Redd, su socio en Redd Kaihoi. Aunque considera que su apartamento es una versión más reducida de los interiores en capas de sus clientes, el patrón de la entrada refleja el gusto de su empresa por los detalles vistosos y audaces. «Los pasillos siempre brindan la oportunidad de hacer algo divertido e inesperado», explica Kaihoi. «Son parecidos a los tocadores, pero más espaciosos».

Aunque mantuvo la distribución original, aprovechó todo el espacio de almacenamiento que pudo. El pasillo, además de ofrecer una entrada espectacular, funciona como un conjunto de vestidores gracias a sus puertas enrasadas. Kaihoi usó otra estrategia para hacer que la casa pareciera más espaciosa: «Con espacios pequeños, creo que los muebles grandes dan más prestancia a la habitación», explica, cuyo salón, por ejemplo, cuenta con un armario de caoba dorada de Christie's. «En lugar de varios muebles pequeños, tenemos cuatro grandes y funcionales».

Al negarse a verse condicionado por las dimensiones del apartamento, el diseñador ha logrado varios golpes de efecto, como en el dormitorio principal, una representación perfecta del estilo clásico-moderno característico de Redd Kaihoi. Contra la pared revestida de tela de hierba, descansa una cama con un dosel de color marfil y ribetes que evocan cenefas griegas, que se yuxtapone a una alfombra de leopardo de STARK. Los estampados de animales también aportan un toque de diseño en el salón, donde los cojines con rayas de tigre combinan con otros que diseñó Kaihoi en un estampado *tutsi* blanco y negro para Schumacher.

La paleta del apartamento se inclina hacia lo neutro, con ráfagas de color en objetos concretos o, por lo general, en la colección de arte de la familia. «Puedo admirar grandes obras de arte en los museos, e incluso en las colecciones de nuestros clientes», dice Kaihoi. «Lo que me gusta es estar rodeado del arte que crean las personas a las que quiero». Entre sus creadores favoritos están su hijo pequeño y su hija adolescente, que han realizado obras para sus habitaciones. Un flamenco hecho de un material parecido a un cartón de huevos y una torre de magdalenas de color naranja ocupan un lugar privilegiado en la cómoda imperio del dormitorio de los niños.

En otros casos, Kaihoi y sus hijos han creado obras de arte dignas de colgar en la última galería *white cube* de Nueva York. Sobre el sofá *vintage* en L del salón, destaca un lienzo abstracto con salpicaduras de pintura ámbar. La obra es en realidad una salpicadura de agua de un cruce entre las calles Delancey y Essex, en el que estaban pintando los semáforos. Hipnotizados por su potencial artístico, Kaihoi y su hija consiguieron convencer al obrero de que cambiara la tela que llevaba usando tres años por una nueva que compraron en una tienda de pinturas a unas manzanas de distancia. Colgada en un marco dorado, lo que era basura para otra persona se ha convertido en su gran tesoro. Está claro que el buen ojo para el diseño viene de familia. —Stephanie Sporn

MILES REDD (REDD KAIHOI)

NUEVA YORK

¿Qué pasa cuando te quedas sin espacio para decorar? Que utilizas el interior de los armarios, dice Miles Redd, quien, conocido por su estética maximalista, no pudo evitar llenar de personalidad cada resquicio de su casa de Nueva York. En 1998, el mismo año en que lanzó su firma homónima tras trabajar para el anticuario John Rosselli y el diseñador Bunny Williams, él y su hermana compraron una casa adosada de estilo federal en Nolita, quedándose dos plantas cada uno. Redd, que se había encariñado con el barrio cuando estudiaba en la Universidad de Nueva York, no podía creer que hubiera una casa adosada disponible a un precio tan asequible y, además, en una zona tan buena y animada. Después de casarse y tener tres hijos, a la hermana de Redd se le quedó pequeña la vivienda, y ahora los cuatro pisos y el jardín de estilo francés conforman la casa de ensueño del diseñador.

Los hermanos dedicaron casi dos años a reformar la propiedad, conservando algunos detalles originales, como el revestimiento del suelo del salón y las puertas francesas. El resto se transformó al universo Redd. Conocido por sus atrevidas combinaciones de colores, sus obras de arte colgantes de estilo salón y sus capas de patrones y peculiares acabados, el diseñador tiene un extraño don para hacer que lo dispar conviva en armonía. En su casa, hay un pasillo gris que lleva hasta una biblioteca de color rosa clavel, un dormitorio azul celeste, en el que podríamos encontrarle arropado en una lujosa cama con dosel, y un comedor verde celadón. El equilibrio lo consiguen una cocina lacada en negro y un salón con una pared tapizada con rayas marrones y marfil. «De pequeño estaba obsesionado con la ambientación del Nueva York de 1930, concretamente con la de Hollywood», dice Redd, y cita las películas *Sombrero de copa* y *Mujeres* como inspiración para sus excéntricas decoraciones interiores. «Aquella *gestalt* me daba ideas para mi casa de ensueño. Su estilo recuerda vagamente al de 1930, mezclado un poco con la Inglaterra eduardiana». Al combinar su amor por el mobiliario del siglo XVIII, las ilustraciones de moda moderna y el arte abstracto contemporáneo, el resultado es ecléctico, electrizante y casi prácticamente atemporal.

Está claro que Redd adora el contraste: lo bajo y lo alto, lo rugoso y lo suave, lo minimalista y lo rococó. La decoración de puertas y otros detalles que a menudo se pasan por alto es otro de sus sellos. En la biblioteca, por ejemplo, las puertas están tapizadas con estampado de cebra, que contrasta con el sofá de terciopelo rojo. «Creo que las rayas de las cebras son lo más gráfico de la naturaleza». En otra habitación, las manillas de las puertas son de coral, lo que demuestra que ninguna superficie es demasiado pequeña para ser decorada.

La estancia que mejor muestra su brillante capacidad para sorprender y deleitar es el cuarto de baño principal, la sala más grande de la casa (ha llegado a celebrar cenas allí). Esta habitación con espejos formaba parte de la Lester Armour House, que el famoso arquitecto David Adler y su hermana, la diseñadora de interiores Frances Elkins, diseñaron en Lake Bluff (Illinois). Un amigo de Redd descubrió que el cuarto de baño estaba a la venta en una tienda de segunda mano de Chicago y Redd se esforzó por volver a montarlo y darle vida en su propia casa. «Estar en el baño es como estar dentro de un diamante», explica Redd. «Esta habitación deja entrever todas mis obsesiones. Soy como una urraca: enséñame algo brillante y me lo llevaré corriendo a mi guarida». —Stephanie Sporn.

JULIUS SHULMAN
MODERNISM
REDISCOVERED
DAVID HICKS LIVING WITH DESIGN
LISA FONSSAGRIVES
MILES REDD THE BIG BOOK OF CHIC
VOGUE

WEBER

CLIFF FONG

LOS ÁNGELES

Para Cliff Fong, el interiorista y experto en muebles *mid-century* ubicado en Los Ángeles, una casa es un lugar donde se debería vivir con tanta comodidad y autenticidad como sea posible. Esta mentalidad se refleja perfectamente en su rancho de la década de 1950 de Mid-City, donde el carismático director del estudio Matt Blacke Inc. y copropietario y director creativo de Galerie Half, la prestigiosa sala de exposiciones de antigüedades y piezas *vintage* de Melrose Avenue, deja la intensidad de sus proyectos profesionales en la puerta.

Fong compró la casa revestida de madera y estuco en 2016 pero, al contrario que los encargos de clientes tan exclusivos como Ellen DeGeneres y Ryan Murphy, que se han materializado a una velocidad de vértigo cuando ha sido necesario, la falta de tiempo y los condicionantes económicos le obligaron a transformar la casa por fases y a vivir en ella mientras los trabajos seguían su curso. Reformada en la década de 1980, presentaba una planta diáfana donde predominaban las puertas correderas, los elementos empotrados de ángulos muy marcados y una disonancia en los acabados.

Fong hizo las paces con las asimetrías y los singulares campos de visión que hubiera corregido para un cliente y neutralizó muchos de ellos con una capa de pintura gris fósil. También borró la combinación dispar de los suelos con una capa de hormigón en toda la casa, que redujo la paleta de materiales vistos. «No tuve que tocar nada de la arquitectura original, pero prescindí de algunos acabados para lograr una selección más comedida de materiales. Ahora hay básicamente hormigón, cristal y aluminio».

A lo largo de los veinte años más o menos que lleva en el mundo del diseño ha desarrollado un ojo infalible para muebles de muchas épocas, aunque en sus proyectos profesionales suele decantarse por piezas icónicas del modernismo. Muchas de ellas están repartidas por toda la casa, como en el salón, donde un aparador tricolor de Charlotte Perriand convive con la butaca Ours Polaire de color crema de Jean Royère y el sofá de cuero negro de Børge Mogensen. Su carácter excepcional queda atenuado por piezas con menos pedigrí, como un funcional revistero que encontró hace años en el mercadillo Clignancourt de París, un taburete africano de los senufos y una mesita de un fabricante desconocido que bien podría ser fruto de una colaboración entre Perriand e Isamu Noguchi. Es una colección cápsula de la estética mitad sofisticada, mitad austera que caracteriza a Fong. «Creo que ahí es donde radica la verdadera interpretación del estilo: la forma de combinar algo, ya sea nuestra ropa o nuestra casa», dice. En la vivienda también se aprecia su tendencia al despliegue de lámparas para crear vectores visuales que guíen la mirada, como la lámpara de tres brazos de Serge Mouille del techo del salón y la lámpara Jib de Jean Prouvé del comedor. El dormitorio también tiene sus joyas, como un perchero de Jacques Adnet adquirido en 1stDibs y la icónica silla Standard de Prouvé de su escritorio Aile d'Avion.

«Suelo intentar no darle toda la importancia a la pieza más grande de la habitación», dice Fong, que ha elegido una sencilla cama por este motivo. «De lo contrario es como el estribillo de una canción pop. Al principio es fantástico pero luego cansa». En las paredes, Fong colgó obras contemporáneas de Dean Levin y Christian Marclay alineadas con las ventanas, que recuerdan que el paisaje enmarcado por el cristal también es una obra de arte fascinante. —Joan Barzilay Freund

PATI
ENCE
INSI
STS

VINCENZO DE COTIIS

MILÁN

En los interiores diseñados por Vincenzo De Cotiis, uno tiene la sensación de encontrarse en un lugar a mitad de camino entre unas ruinas antiguas y una galería de arte. Este arquitecto italiano, que fundó su estudio en 1997, ha adquirido renombre tanto por sus interiores vanguardistas, que van de *boutiques* de lujo a proyectos residenciales, como por sus obras futuristas, que se exponen con frecuencia en la galería Carpenters Workshop y en ferias de arte internacionales. En su obra residencial privada, De Cotiis se nutre de la ambigüedad, de buscar su propia definición de qué constituye un hogar. Tomando como referencia la arquitectura del edificio, deja fluir su intuición para que el resultado final le sorprenda. «Me interesa crear espacios arquitectónicos en los que, mediante la interacción de los objetos, el mobiliario y el propio espacio se generen hábitos y estéticas nuevos», afirma.

En su casa, en el Corso Magenta de Milán, el tiempo se difumina. El diseñador y su mujer, Claudia Rose, viven ahí desde 2015. La pareja se enamoró al instante de este palacio de estilo romántico del siglo XVIII, en el que restos de paredes, suelos y techos fastuosos evocan épocas pasadas de la aristocracia milanesa. Para llegar a la vivienda, que se encuentra en la primera planta, se debe atravesar un patio que desemboca en un rellano del barroco tardío con suelo de terrazo y paredes de color coñac. En su primera visita, su belleza estaba oculta por pesadas telas y tapices, producto de anteriores reformas. Para llegar a la esencia del espacio sin negar el paso del tiempo, De Cotiis sacó a la luz los suelos, techos, arcos y paredes originales, cuyos frescos se habían reducido a delicadas sombras pastel tras años de exposición al sol. Los pequeños detalles imperfectos del edificio, como el crujido de los suelos de madera de marquetería o el polvo de yeso que se desprendía de las paredes al tocarlas, le cautivaron. Además, ha modificado la distribución y, al eliminar puertas y diseñar salas polivalentes, ha creado una continuidad entre los espacios.

Por toda la casa hay diseños de colección de De Cotiis y piezas notables que van desde una escultura en cartón de Florian Baudrexel hasta cariátides antiguas. Es habitual que el diseñador emplee materiales recuperados en sus piezas, que combinan el latón fundido, la fibra de vidrio reciclada, la resina, el mármol e incluso piedras preciosas. Las formas, pátinas y texturas inusuales son algunas de las características de su obra. El brutalismo de De Cotiis alcanza su máxima expresión en sus biombos (enormes e imponentes icebergs) dispuestos por toda la casa. «Despojados de su significado original, los biombos se convierten en presencias arquitectónicas con las que convivir y generan flujos nuevos en la casa», explica De Cotiis. «Me gustan por su presencia escénica, no por su función. Son prácticamente obras de arte».

Aunque los biombos están fabricados principalmente con fibra de vidrio reciclada monocromática y latón plateado, en la casa hay algunos elementos de color por descubrir. En la entrada, por ejemplo, encontramos un jarrón amarillo-verde de Roger Herman sobre el escritorio de fibra de vidrio reciclada DC1733 de De Cotiis, con un toque de pintura azul. En la biblioteca, donde los frescos dotan al espacio de un suave resplandor rosa, el sofá cama de terciopelo de mohair DC1604 de De Cotiis complementa el armario, también del diseñador, en un tono similar. El color alcanza un *crescendo* en la cocina y el baño, revestidos de mármol brasileño verde oscuro y rosa. En el salón y el comedor hay asimismo varias creaciones de De Cotiis, entre las que destacan sus características lámparas escultóricas, como el candelabro de mármol y latón fundido que cuelga sobre un grupo de taburetes de fibra de vidrio reciclada y latón plateado. Su espacio preferido, no obstante, es el dormitorio. Allí, una plataforma ligeramente elevada recubierta de resina sostiene la cama y hace de alfombra escultural. Esta técnica también se utiliza en otros espacios de la casa. De Cotiis, que combina materiales tan humildes como el cartón con las piedras preciosas más extraordinarias, está redefiniendo el aspecto del lujo con su visión singular, capaz de cambiar la historia.
—Stephanie Sporn

LAURA SARTORI RIMINI

LONDRES

Para una diseñadora con un profundo respeto por la historia y el arte, ningún barrio londinense podría ser más inspirador que en el que residieron y trabajaron personajes como Oscar Wilde, John Singer Sargent y James McNeill Whistler. En la segunda residencia de Laura Sartori Rimini en Tite Street, en Chelsea, es como si estos titanes del esteticismo tardío se hubieran reencarnado gracias a la inigualable inclinación de la arquitecta e interiorista por el eclecticismo opulento. En su trabajo como parte del dúo que conforma Studio Peregalli, que fundó a principios de la década de 90 con Roberto Peregalli, Sartori Rimini defiende la belleza a través de todos los continentes y épocas. Aunque el estudio milanés diseña con frecuencia en contextos de importancia histórica, ella abordó su piso de un dormitorio con el estilo y la majestuosidad que el Studio Peregalli imprimiría a un palacio.

Además de que estaba cerca de sus proyectos en el Reino Unido, el principal motivo por el que la diseñadora decidió comprar la casa hace casi una década fue la decisión de su hija de ir a un internado en Londres. Más allá del patrimonio artístico del barrio, el apartamento está situado a pocas manzanas de la RHS Chelsea Floweer Show, y no faltan las flores para decorar todo el año. El adosado del siglo XIX atrajo a Sartori Rimini por sus altos techos y sus detalles arquitectónicos originales, como la chimenea, el marco del techo del salón, las ventanas y la puerta principal. Sin embargo, la modificación de la distribución era primordial para ella, ya que quería que fuera «como un gran apartamento a pequeña escala, con una entrada y un comedor adecuados». «Me gusta tener un toque de rigor en las casas».

La ciudad de Londres fue una inspiración clave, sobre todo por su pasado mercantil y su intercambio cultural con Asia y la casa está llena de antigüedades que invitan a viajar. Las alfombras persas, los jarrones chinos, las acuarelas japonesas y los tejidos indios ocupan un lugar destacado en el piso, haciendo honor a la estética del Grand Tour por la que el Studio Peregalli es célebre. Mientras tanto, los cuadros de paisajes venecianos, la ropa de cama toscana y los sillones italianos reflejan las raíces de la diseñadora, y los muebles, que van desde un espejo Luis XIV hasta las lámparas contemporáneas de Hervé Van der Straeten, realzan su sensibilidad europea.

Los proyectos de interiorismo del Studio Peregalli se caracterizan por un abigarramiento que hace que parezca que han existido durante siglos. Para su segunda residencia, Sartori Rimini se decantó por la despreocupación típica de las antiguas casas británicas. «No todo tiene que ser perfecto», dice. «Muchos espacios ingleses son más desenfadados, menos estudiados, y creados con un punto de locura». La joya de la corona del apartamento ejemplifica los gustos de Rimini: los paneles de cuero pintados a mano del siglo XVII que forman el telón de fondo del salón y que en su día amueblaron el salón veneciano de la duquesa de Berry. «Estaban en muy mal estado y sería difícil sugerirlos a un cliente, pero a mí me encantaban», dice la diseñadora, que desde entonces ha restaurado los paneles tras descubrirlos en una subasta.

Sartori Rimini y Peregalli suelen rescatar materiales antiguos en sus proyectos, y este respeto por la pátina en sentido literal y metafórico se extiende a una inversión más amplia en artesanía europea. El dúo subraya la importancia de apoyar a los artesanos especializados que hacen que la restauración de detalles arquitectónicos, y de tesoros como los paneles de cuero, siga siendo posible hoy en día. Ella no es demasiado exigente con estos objetos: hay muchos cuadros colgados en los paneles como si fuera una exposición y algo parecido ocurre en el comedor, cuyas paredes están empapeladas con una mezcla de papel pintado de motivos chinescos del siglo XVIII restaurado y de nueva fabricación.

El ambiente de suntuosidad de toda la casa se consigue mediante una regia paleta de dorados, rojos y morados saturados, todo ello complementado con innumerables marcos dorados y tejidos de terciopelo con motivos de todo el mundo. «En una segunda residencia no es necesario tener mucho espacio ni muchas cosas, pero sí sentirse como en casa», dice Sartori Rimini. «Tanto si estás allí por trabajo como por diversión, un buen refugio te da la energía necesaria para alimentar tu creatividad».
—Stephanie Sporn

JULIAN BARNES
THE NOISE OF TIME

HORST

HORST

JEFF ANDREWS
Jeff Andrews, afincado en Los Ángeles, es un diseñador residencial asociado a la creación de interiores sofisticados y confortables. Comenzó en el mundo del diseño en la década de 1990 y, desde entonces, ha trabajado para clientes como Kris Jenner, Kourtney Kardashian o Lady Gaga y ha lanzado colecciones de papeles pintados, superficies de madera y alfombras con Astek Wallcoverings, Mansour Modern y Jamie Beckwith Collection. Ha figurado en la lista de oro de *Luxe Interiors + Design* y en la Lista A de *ELLE DECOR* en múltiples ocasiones.

ARIEL ASHE (ASHE LEANDRO)
Tras realizar varios trabajos de producción de televisión, Ariel Ashe decidió pasarse al mundo del interiorismo. En 2008 cofundó con Reinaldo Leandro el despacho de arquitectura e interiorismo Ashe Leandro, con sede en Nueva York. Famosa por la construcción de espacios contemporáneos diseñados con materiales naturales y paletas neutras, el bagaje de la firma, incluida en la lista AD100 y la Lista A de *ELLE DECOR*, comprende proyectos comerciales y diseños residenciales para clientes como Seth Meyers, Gwyneth Paltrow y Rashida Johnson.

KELLY BEHUN
Kelly Behun abrió su estudio homónimo en Nueva York en 2001. Especializada en el diseño de interiores, mobiliario y objetos de decoración, la estética ecléctica y sofisticada de la firma, adaptada siempre a cada cliente, ha atraído a figuras del mundo del espectáculo, la tecnología, los negocios y la política. Behun ha colaborado en el diseño de marcas como The Rug Company, The Invisible Collection y L'Objet y ha aparecido muchos años en la lista AD100 y la Lista A de *ELLE DECOR*.

SIG BERGAMIN
El diseñador Sig Bergamin fundó su estudio homónimo en la década de 1980. Afincado en São Paulo (Brasil) y con delegaciones en Nueva York y París, su estilo es maximalista, vivo y ecléctico. Está especializado en el diseño de grandes residencias y ha recibido encargos de clientes de Brasil, Estados Unidos y Europa. Ha formado parte en múltiples ocasiones de la Lista A de *ELLE DECOR* y la lista AD100.

NATE BERKUS
Nate Berkus creó su empresa de diseño homónima en 1995 y hoy cuenta con delegaciones en Nueva York, Chicago y Los Ángeles. Conocido por sus proyectos de interiorismo atemporales, ha trabajado para Charlize Theron, Ricky Martin, Karlie Kloss y Oprah Winfrey. En la actualidad copresenta el programa del canal HGTV *The Nate & Jeremiah Home Project* con su marido, el también diseñador Jeremiah Brent, y ha diseñado colecciones para el hogar de Living Spaces, Joann Fabric and Craft y Target. Ha aparecido muchas veces en la lista AD100 y la Lista A de *ELLE DECOR*.

MURIEL BRANDOLINI
Esta estilista de moda convertida en interiorista es célebre por su creatividad atrevida y su sensibilidad viajera. Desde que abrió su firma de diseño en 1995, ha creado diseños para clientes como Pia y Christopher Getty y el príncipe Pablo de Grecia y su esposa, entre otros. En 2015 fundó su propia marca de *lifestyle*, Life by Muriel Brandolini. Forma parte de la lista AD100 y en 2012 fue galardonada con el premio Benjamin Moore HUE por su trayectoria profesional.

JEREMIAH BRENT
La empresa de interiorismo homónima de Jeremiah Brent, con sede en Los Ángeles y Nueva York, se fundó en 2011. Desde entonces, este creador de tendencias, presente en la lista AD100, ha aplicado su moderna estética californiana a hogares, restaurantes y espacios públicos. Copresenta el programa del canal HGTV *The Nate & Jeremiah Home Project* con su marido, el diseñador Nate Berkus. Ambos lanzaron también una línea de muebles en 2018 con Living Spaces.

SHEILA BRIDGES
Fundado en Harlem en 1993 por Sheila Bridges, su estudio homónimo realiza proyectos llenos de color que exhiben múltiples capas y representaciones culturales visuales. Entre sus proyectos más destacados se encuentran las oficinas de Harlem del expresidente Bill Clinton y las residencias privadas de clientes como Sean «Diddy» Combs. Elegida la mejor interiorista de Estados Unidos por la revista *Time*, ha figurado en las listas de los mejores interioristas de 1stDibs, las revistas *New York* y *House Beautiful*, así como en la lista AD100 y la Lista A de *ELLE DECOR*.

MARTYN LAWRENCE BULLARD

El interiorista Martyn Lawrence Bullard es famoso por sus espacios eclécticos pero sofisticados. Sus glamurosos diseños han atraído a una clientela de primera fila, entre los que figuran Kylie Jenner, Cindy Crawford, Tommy Hilfiger, RuPaul y Cher. Ha diseñado una colección homónima de telas, muebles y accesorios para el hogar y ha aparecido en programas como *Million Dollar Decorators* y *Hollywood Me! The Hollywood Reporter* lo incluyó entre los veinte mejores interioristas de Los Ángeles y ha aparecido en múltiples ocasiones en la lista AD100 y la Lista A de *ELLE DECOR*.

DARRYL CARTER

El diseñador Darryl Carter, afincado en Washington D. C., fundó su estudio en 1998 y en la actualidad es muy apreciado por la creación de ambientes elegantes, a los que imprime un cuidadoso toque profesional. Atendiendo a elementos clásicos del pasado y del presente, consigue un equilibrio perfecto entre lo moderno y lo antiguo en las residencias privadas y espacios públicos que diseña, entre los que destacan los restaurantes Kinship y Métier. Ha figurado varios años en la lista AD100 y la Lista A de *ELLE DECOR*.

PALOMA CONTRERAS

En 2007 Paloma Contreras lanzó *La Dolce Vita*, un blog de interiorismo que se ha convertido en una empresa de diseño internacional con todas las letras. Famosa por su estética a medio camino entre lo moderno y lo tradicional, ha sido incluida en la Lista A de *ELLE DECOR* y la lista de oro de la revista *Luxe Interiors + Design*. En 2019 abrió Paloma & Co, su *concept store* en Houston, y ha colaborado con marcas como Williams Sonoma Home, One Kings Lane, KitchenAid y Serena & Lily, entre otras.

WILL COOPER (ASH NYC)

Will Cooper es el director creativo y socio cofundador de la empresa ASH NYC, creada en 2009 con Ari Heckman, Jonathan Minkoff y Andrew Bowen. Cooper supervisa todos los proyectos de diseño, desde residencias privadas hasta restaurantes y hoteles, así como su colección de muebles. El estudio, con sede en Nueva York, ha formado parte en múltiples ocasiones de la lista AD100 y ha proyectado y diseñado hoteles como el Siren, Dean y el Hôtel Peter & Paul.

SARA RUFFIN COSTELLO

Sara Ruffin Costello es una decoradora, interiorista y escritora con sede en Nueva Orleans. Es conocida por crear espacios artísticos del Viejo Mundo combinados con detalles modernos. Entre sus proyectos se encuentran el hotel Chloe de Nueva Orleans y residencias privadas en Los Ángeles, Nueva York y otras ciudades. Directora creativa fundadora de *Domino*, es autora de varios libros de interiorismo.

BILLY COTTON

Billy Cotton, que creó su empresa de diseño homónima en 2007, ha destacado en múltiples campos, como el interiorismo, la arquitectura y el diseño de iluminación y mobiliario. Gracias a su lujoso estilo bohemio, este diseñador neoyorquino ha atraído a clientes como Cindy Sherman, Lisa Yuskavage, Matvey Levenstein y Carol Bove. Ha aparecido en la lista AD100 y la Lista A de *ELLE DECOR*.

VINCENT DARRÉ

El interiorista y director de arte Vincent Darré, afincado en París, fundó su estudio, Maison Vincent Darré, en 2008 y enseguida obtuvo reconocimiento por sus espacios maximalistas y su sensibilidad surrealista. Exdiseñador jefe de Moschino, Darré crea espacios insólitos para proyectos comerciales y residenciales, y ha trabajado para Dior, Schiaparelli, Christian Louboutin, OKA o Pierre Frey.

VINCENZO DE COTIIS

Arquitecto, diseñador, artista y fabricante de muebles, Vincenzo De Cotiis fundó su empresa de Milán en 1997. Fiel a la abstracción y a la utilización de materiales reciclados, De Cotiis crea un diálogo permanente entre el pasado y el presente a través de sus diseños para residencias privadas, hoteles, restaurantes y *boutiques* de lujo de todo el mundo. Entre sus clientes se encuentran Burberry y Aesop, y ha expuesto sus obras en la Carpenters Workshop Gallery. Ha sido incluido en la lista AD100 con frecuencia y en 2021 ganó el premio EDIDA al interiorista del año.

JEAN-LOUIS DENIOT
Jean-Louis Deniot creó su empresa de arquitectura e interiorismo en París el año 2000. Célebre por sus modernos espacios neoclásicos provistos de mobiliario a medida y exquisita artesanía, el diseñador, que ha figurado en la lista AD100 y la Lista A de *ELLE DECOR*, ha trabajado en proyectos comerciales y residenciales tan relevantes como el Waldorf Astoria de Nueva York y la Cambridge House de Londres. También ha sido reconocido por sus colecciones de mobiliario e iluminación con Baker Furniture, Jean de Merry y Marc de Berny, entre otros.

JOSEPH DIRAND
Conocido por su combinación de minimalismo y clasicismo francés, Joseph Dirand se ha convertido en uno de los arquitectos e interioristas parisinos más solicitados. Desde que inauguró su estudio en 1999, ha creado diseños para clientes como Chloé, Givenchy, Rick Owens y Balmain, entre otros. Ha formado parte de la lista AD100 y ha recibido el premio Wallpaper* al mejor hotel de nueva creación y el premio al interiorista del año de Maison&Objet.

SOPHIE DRIES
La arquitecta e interiorista Sophie Dries abrió un primer estudio en París en 2014 antes de inaugurar un segundo local en Milán en 2017. Inspirándose en su formación como arquitecta, artista y diseñadora, crea proyectos de interiorismo, alfombras, cerámicas y muebles que combinan el lujo con la modernidad y el confort. Entre sus clientes se encuentran View Hotels, Michel Vivien y Arturo Arita. Ha aparecido en la lista AD100 y *Dezeen* la seleccionó como la interiorista con mayor proyección de 2020.

ZOE CHAN EAYRS Y MERLIN EAYRS
Zoe Chan Eayrs y Merlin Eayrs fundaron su estudio de diseño londinense Chan & Eayrs en 2014. Gracias a su experiencia previa como arquitectos, adoptan un planteamiento holístico único. Dedican a cada proyecto el cuidado y tiempo necesarios, compran viviendas y rediseñan cada detalle antes de ponerlas de nuevo a la venta. Su estética natural y sobria ha sido aplaudida por *ELLE DECOR*, *Vogue Living*, *T Magazine* y *Dwell*. Fueron preseleccionados para el premio Wallpaper* a mejor casa del año.

CLIFF FONG
El interiorista Cliff Fong fundó su estudio de diseño Matt Blacke Inc., con sede en Los Ángeles, en 2009. Su habilidad para combinar elementos básicos con piezas de autor le ha llevado a crear ambientes discretos y exclusivos que mezclan muebles eclécticos y arte. Incluido en la Lista A de *ELLE DECOR*, comenzó su carrera en la moda. Ha diseñado residencias para Ellen DeGeneres y Ryan Murphy, así como restaurantes para chefs de la talla de Michael Voltaggio.

ANDRÉ FU
André Fu y su estudio con sede en Hong Kong, fundado en 2000, son los artífices de algunos de los restaurantes y hoteles de lujo de Europa y Asia más comprometidos con el diseño, como el londinense Berkeley, el St. Regis Hong Kong y el Waldorf Astoria Bangkok. Este diseñador ha revolucionado el diseño asiático moderno con una fusión perfecta de estilos europeos y asiáticos. En 2019 lanzó André Fu Living, una colección para la decoración del hogar. Ha recibido múltiples reconocimientos, entre ellos el de interiorista del año por la revista *ELLE DECORATION* China en 2019.

KEN FULK
Ken Fulk, que creó su firma homónima en 1997, trabaja tanto en Nueva York como en San Francisco y dirige un equipo de arquitectos, diseñadores y especialistas en marcas y eventos centrados en diseñar espacios profundamente evocadores y coreografiar eventos impresionantes. Su exclusiva clientela incluye a Gigi Hadid, Pharrell Williams, Kevin Systrom y Veronica Beard. Ha sido incluido en la lista AD100 y la Lista A de *ELLE DECOR* y ha recibido dos premios James Beard por sus magníficos proyectos de interiorismo de restaurantes.

JACQUES GARCIA
El interiorista de prestigio internacional Jacques Garcia obtuvo su primer reconocimiento por la renovación del Hotel Costes de París. Tras fundar su estudio de París en 1982, rápidamente ganó popularidad por sus proyectos de interiorismo, opulentos y elaborados. Conocido por diseñar algunos de los hoteles más extraordinarios del mundo, entre sus proyectos destacan el Vagabond de Singapur, el Peninsula de París y el Odéon Saint-Germain, también de París. Ha aparecido en la lista AD100 y la Lista A de *ELLE DECOR* y ha sido reconocido por *Condé Nast Traveler* por sus proyectos de interiorismo hotelero.

VEERE GRENNEY

El neozelandés Veere Grenney fundó su estudio homónimo de Londres en 1996. Sus proyectos de interiorismo, sencillos y elegantes, confieren una estética sofisticada a sus trabajos residenciales por todo el mundo y a su línea de tejidos. Ha sido reconocido por *House & Garden* como uno de los cien interioristas más destacados y es parte de la lista AD100.

HUGO GRISANTI Y KANA CUSSEN

Fundada en 2007 por el arquitecto Hugo Grisanti y la diseñadora Kana Cussen, la firma Grisanti & Cussen, con sede en Santiago de Chile, está especializada en proyectos para hoteles, residencias y decoración de restaurantes. Famosos por su característico uso del color y su capacidad para combinar estilos y tendencias, se han convertido en uno de los principales referentes de Sudamérica, con proyectos como el Hotel Bidasoa, el Hotel Boutique Castillo Rojo y el Centro Cultural Arauco. Han recibido varios premios en las muestras CasaCor y Casa FOA de Chile, y en 2015 fueron elegidos los mejores decoradores de Chile por la *ED Magazine*.

ARI HECKMAN (ASH NYC)

Ari Heckman es director general y socio cofundador de ASH NYC, una empresa multidisciplinar con sede en Nueva York que creó en 2009 con Will Cooper, Jonathan Minkoff y Andrew Bowen. La producción del estudio abarca desde el diseño de viviendas, restaurantes, hoteles y muebles hasta la promoción inmobiliaria y la puesta a punto de casas para su venta. Bajo la dirección de Heckman, este estudio, que ha aparecido en la lista AD100, ha sido aclamado por sus proyectos de modernización del Hôtel Peter & Paul de Nueva Orleans y el Siren Hotel de Detroit.

SHAWN HENDERSON

Fundado en Nueva York en 2003, el estudio de diseño homónimo de Shawn Henderson es un referente del estilo neominimalista. Este diseñador ha creado viviendas cómodas y acogedoras para clientes como Sam Rockwell, Octavia Spencer y Jimmie Johnson. El trabajo del estudio se ha publicado en *Architectural Digest*, *ELLE DECOR* y *The New York Times*, entre otros, y Henderson ha sido incluido varios años en la lista AD100 y la Lista A de *ELLE DECOR*.

JAMES HUNIFORD

Más conocido como Ford, es el fundador de Huniford Design Studio, con sede en Nueva York. Su amplia cartera de proyectos de diseño residencial se caracteriza por su equilibrio entre elegancia y confort. Huniford destaca por su labor filantrópica. En 2004 fundó Design on a Dime, una campaña anual de recaudación de fondos para Housing Works, y forma parte del comité de adquisiciones de ARTWALK, una entidad que apoya a las personas sin hogar. Su trabajo ha sido reconocido por *Architectural Digest*, *ELLE DECOR* y la lista de oro de *Luxe Interiors + Design*.

THOMAS JAYNE

Thomas Jayne fundó en 1990 el Jayne Design Studio, con sede en Nueva York, con el lema «antiguo y moderno». Sus espacios, que reflejan un fuerte vínculo con la historia y el lugar, atraen a clientes de todo Estados Unidos. Ha aparecido en la lista AD100 y la Lista A de *ELLE DECOR*, y ha recibido el premio Stanford White del ICAA y el premio Arthur Ross de interiorismo en 2013.

TAMSIN JOHNSON

Afincada en Sídney (Australia), Tamsin Johnson fundó su firma de diseño homónima en 2013. Su trabajo comprende el diseño residencial, comercial y hostelero y evoca una sofisticación natural que proviene de su meticulosa combinación de lo clásico y lo contemporáneo. Tiene proyectos en Nueva York, Londres, París y Australia, y ha aparecido en publicaciones como *Vogue Living* y *ELLE DECOR*.

DAVID KAIHOI (REDD KAIHOI)

Antes de fundar Redd Kaihoi en 2019 con su antiguo colaborador Miles Redd, David Kaihoi trabajó como artista, instalador de obras de arte e interiorista. En la actualidad aporta a su estudio neoyorquino la perspectiva exigente de un artista y se ha dado a conocer por su audaz mezcla de materiales y el estilo desenfadado de sus espacios. También ha creado una colección de telas y revestimientos de paredes para F. Schumacher & Co., así como una línea de tapices y alfombras de técnica mixta para PF-Patterson Flynn.

DELIA KENZA
La interiorista Delia Kenza, afincada en Brooklyn, es conocida por sus líneas limpias y atrevidas y su moderna estética neutra. Especializada en renovaciones completas de espacios urbanos, ha aparecido en la revista *New York* y en plataformas como Remodelista, HGTV, Brownstoner y Open House New York, así como en la Lista A de *ELLE DECOR*.

DAVID KLEINBERG
Fundado por David Kleinberg en 1997, David Kleinberg Design Associates es un estudio de interiorismo y rehabilitación de renombre internacional. Con sede en Nueva York, trabaja por todo el mundo creando espacios de líneas limpias y sofisticadas, tradicionales y modernos a la vez. Miembro del comité de los premios Hall of Fame de *Interior Design*, ha recibido el premio Albert Hadley de la Escuela de Interiorismo de Nueva York a su trayectoria profesional y ha sido incluido en la lista AD100 y la Lista A de *ELLE DECOR*.

REINALDO LEANDRO
El arquitecto de origen venezolano Reinaldo Leandro cofundó el estudio de arquitectura e interiorismo Ashe Leandro con el diseñador Ariel Ashe en 2008. Desde entonces, esta prestigiosa firma neoyorquino ha sido reconocida por el uso de materiales y texturas de origen natural. El estudio, que ha formado parte de la lista AD100 y la Lista A de *ELLE DECOR*, ha acumulado un notable bagaje que incluye proyectos residenciales, comerciales y culturales para clientes como Seth Meyers, Gwyneth Paltrow y Rashid Johnson.

LEE LEDBETTER
Fundado por Lee Ledbetter en 1996, Lee Ledbetter & Associates es un estudio de diseño que ofrece servicios de arquitectura, interiorismo y planificación. Afincado en Nueva Orleans, es conocido por su experiencia arquitectónica y sus espacios, que fusionan distintos periodos estilísticos. Sus proyectos son muy variados, desde el jardín de esculturas de Sydney y Walda Besthoff del Museo de Arte de Nueva Orleans hasta los estudios para artistas del Centro Joan Mitchell y el estadio Yulman de la Universidad de Tulane, Nueva Orleans, y le han valido el reconocimiento del AIA de Nueva Orleans y la revista *New Orleans Magazine*.

ISABEL LÓPEZ-QUESADA
La diseñadora madrileña Isabel López-Quesada abrió su estudio homónimo en 1983. Desde entonces ha trabajado con clientes particulares de toda Europa y Norteamérica para crear los espacios funcionales pero sublimes y artísticos a los que debe su prestigio. Ha diseñado las embajadas españolas en Catar, Senegal y Japón y ha trabajado para empresas como British Airways. Ha aparecido en la lista AD100 y la Lista A de *ELLE DECOR* y en 2012 la edición española de *Architectural Digest* la nombró la mejor interiorista del año.

FRANCES MERRILL
En 2009 Frances Merrill fundó el estudio de interiorismo Reath Design, que ofrece sus servicios a residencias privadas, hoteles y restaurantes. Esta diseñadora, afincada en Los Ángeles, utiliza el color, las texturas y los estampados para crear espacios atrevidos que resultan prácticos y cómodos a partes iguales. Su trabajo se ha publicado en *Architectural Digest*, *Harper's Bazaar*, *ELLE DECOR* y *The Wall Street Journal*. En 2021 debutó en la lista AD100.

ALEXANDRA Y MICHAEL MISCZYNSKI
Alexandra y Michael Misczynski, el matrimonio que conforma Atelier AM, con sede en Los Ángeles, aportan su experiencia conjunta en los ámbitos de la arquitectura y el interiorismo, lo que proporciona una base sólida a su trabajo. Atelier AM incorpora materiales arquitectónicos y naturales en sus diseños para crear espacios evocadores, sobrios pero acogedores. Fundado en 2003, el estudio de la lista AD100 ha atraído a clientes de alto nivel, como Tom Cruise, Eli y Edythe Broad y Michael Eisner.

CHARLOTTE MOSS
La neoyorquina Charlotte Moss destaca por sus complejos proyectos de interiorismo y el uso de colores vivos y texturas diversas. A lo largo de sus más de treinta y cinco años de carrera, ha colaborado con firmas como Century Furniture, Fabricut, STARK Carpet, Pickard, P. E. Guerin o Soicher Marin. Ha recibido muchas distinciones, como la medalla del centenario de la Escuela de Interiorismo de Nueva York y el premio Timeless Design de la Royal Oak Foundation.

JOY MOYLER

Desde que fundó su estudio en 2011, Joy Moyler se ha convertido en una de las interioristas más prestigiosas de Estados Unidos. Conocida por su uso del color, los estampados y los tejidos, ha creado espacios modernos para clientes como Leonardo DiCaprio, John Mayer, Pia Getty y la princesa Marie-Chantal de Grecia. Ha figurado en la lista AD100 y la Lista A de *ELLE DECOR*, y el *Hollywood Reporter* la ha reconocido como una de las veinte mejores interioristas.

MAFALDA MUÑOZ Y GONZALO MACHADO

La diseñadora de interiores Mafalda Muñoz y su esposo, el fotógrafo Gonzalo Machado, crearon su estudio de interiorismo, Casa Muñoz, en Madrid en 2014. Centrados en la creación de espacios atemporales en los que predominan los tonos neutros con toques de color, sus proyectos abarcan residencias privadas, hoteles, proyectos de restauración y diseño de mobiliario, así como la apertura del espacio de arte contemporáneo Machado-Muñoz. Entre sus clientes se encuentran la Fundación Beyeler y la modelo Eugenia Silva, y han aparecido en las listas AD100 y 1stDibs 50.

PAOLA NAVONE

Desde que obtuvo el Premio Internacional de Diseño de Osaka en 1983, Paola Navone, afincada en Milán, se ha ganado el reconocimiento internacional por su diseño vanguardista y colorista, que abarca múltiples disciplinas. Con una cartera de clientes internacionales que incluye a Armani/Casa, Swarovski o Knoll International, la prolífica diseñadora se ha convertido en un icono del diseño italiano gracias a su insólita mezcla de diseños artesanales e industriales. Ha recibido numerosos reconocimientos, entre los que destaca su inclusión en el Hall of Fame de la revista *Interior Design* en 2014.

MICHELLE NUSSBAUMER

En 1998 Michelle Nussbaumer fundó su estudio de interiorismo y sala de exposiciones Ceylon et Cie, con sede en Dallas. Nussbaumer se inspira en todas las culturas y épocas para crear espacios maximalistas y evocadores plagados de colores vibrantes, estampados y texturas. La diseñadora, que ha aparecido en la lista AD100, ha trabajado con numerosos clientes particulares de todo el mundo y ha colaborado en el diseño de artículos para el hogar y telas con marcas como Exquisite Surfaces y Clarence House.

CATHERINE PAWSON

La interiorista sudafricana Catherine Pawson estudió en la Escuela de Diseño Inchbald de Londres antes de iniciar una longeva colaboración con la interiorista Juliette Byrne. Famosa por sus amplios conocimientos de diseño y tejidos, crea espacios en los que prima tanto la arquitectura existente como las preferencias de sus clientes.

JOHN PAWSON

John Pawson abrió su estudio londinense de diseño arquitectónico en 1981. Conocido por su planteamiento minimalista de la luz, el espacio, los materiales y las proporciones, sus proyectos incluyen diseños arquitectónicos e interioristas para residencias privadas, galerías, museos, capillas y tiendas de todo el mundo, con clientes como Calvin Klein, Ian Schrager y el Museo del Diseño de Londres. En 2019 este diseñador, que ha aparecido en la lista AD100, fue nombrado Comandante de la Orden del Imperio Británico (CBE) por sus servicios al diseño y la arquitectura.

BEN PENTREATH

El estilo singular y desenfadado de Ben Pentreath se inspira en el interiorismo histórico e infunde a sus creaciones una sensibilidad moderna y un marcado uso del color y los estampados. En 2004 abrió un estudio de arquitectura e interiorismo en Londres y desde entonces ha diseñado residencias para clientes como los duques de Cambridge, Liv Tyler y Sarah Jessica Parker, y espacios comerciales como la tienda de Hackett en Savile Row. Además de formar parte de la lista AD100, es propietario de una tienda de antigüedades y artículos para el hogar, Pentreath & Hall, en Londres.

MILES REDD (REDD KAIHOI)

El interiorista Miles Redd es popular por sus atrevidos y sofisticados proyectos de interiorismo y por el glamuroso uso del color y los estampados. Exdirector creativo de Oscar de la Renta, Redd aporta un profundo conocimiento del arte y de la moda a cada uno de sus proyectos. En 2019 se alió con su colaborador de toda la vida, David Kaihoi, y rebautizaron su estudio de diseño homónimo, con sede en Nueva York, como Redd Kaihoi. Ha formado parte muchos años de la lista AD100 y la Lista A de *ELLE DECOR*.

REMY RENZULLO
El decorador estadounidense Remy Renzullo fundó su estudio de diseño homónimo en 2016. Con una extensa lista de clientes particulares en el Reino Unido y Estados Unidos, ha sido aclamado por su interés en el diseño del siglo XVIII y su capacidad para crear espacios elegantes repletos de tesoros cuidadosamente seleccionados de todo el mundo.

ELIZABETH ROBERTS
Elizabeth Roberts fundó su estudio de arquitectura y diseño, Elizabeth Roberts Architects, en Brooklyn en 1998. Aclamada por su capacidad para dar nueva vida a casas antiguas, recurren a ella quienes buscan combinar tradición y modernidad. La firma ha aparecido en múltiples ocasiones en la lista AD100, lo que ha atraído a nombres como Maggie Gyllenhaal, Daria Werbowy y Ulla Johnson.

BRIGETTE ROMANEK
Brigette Romanek fundó su firma de interiorismo en 2018. Con sede en Los Ángeles, Romanek Design Studio, rápidamente consiguió una selección de clientes de primer nivel, como Beyoncé, Joe Jonas, Demi Moore y Gwyneth Paltrow. Sus cuidados proyectos de interiorismo, que combinan la modernidad californiana con el eclecticismo, le permiten crear espacios armoniosos e inspiradores. Ha aparecido tanto en la lista AD100 como en la Lista A de *ELLE DECOR* en múltiples ocasiones y ha sido reconocida como una de las veinte mejores interioristas de Los Ángeles por el *Hollywood Reporter*.

EMILIANO SALCI (DIMORESTUDIO)
Fundado por Britt Moran y Emiliano Salci en Milán en 2003, Dimorestudio es un estudio de arquitectura y diseño global que comprende proyectos residenciales, comerciales y de hostelería. También lleva a cabo diseños de mobiliario, tejidos e iluminación bajo el nombre Dimoremilano. Los proyectos de interiorismo a todo color de Moran y Salci han atraído a clientes particulares y comerciales, como Dior, Fendi y Aesop, entre otros, y han figurado en múltiples ocasiones en la lista AD100 y la Lista A de *ELLE DECOR*.

LAURA SARTORI RIMINI
A principios de la década de 1990, Laura Sartori Rimini y Roberto Peregalli fundaron Studio Peregalli en Milán. Esta firma de diseño aboga por la belleza de todos los continentes y todas las épocas, y sus proyectos de interiorismo reflejan el profundo respeto de los diseñadores por la historia y el arte. Rimini ha diseñado para clientes como Gimmo Etro, Paolo Zegna y Pierre Bergé, y el prestigioso estudio ha aparecido varias veces en la lista AD100 y la Lista A de *ELLE DECOR*.

TOM SCHEERER
El interiorista neoyorquino Tom Scheerer abrió su estudio homónimo el año 1995 y enseguida obtuvo reconocimiento por sus lujosos y elegantes espacios. Su estética, llamativa pero serena, le ha llevado a realizar proyectos desde Dallas (Texas) y Antigua hasta Nueva York y los Hamptons. Scheerer aparece a menudo tanto en la lista AD100 como la Lista A de *ELLE DECOR*.

WILLIAM SOFIELD
William Sofield fundó Studio Sofield en 1996 como una empresa de diseño interdisciplinar dedicada al diseño holístico. Afincado en Nueva York, sus lujosos proyectos se adaptan a las necesidades de cada cliente. Sofield ha creado espacios para Tom Ford, Gucci, Salvatore Ferragamo, Harry Winston y Ralph Lauren, entre otros. Ha figurado en múltiples ocasiones en la lista AD100 y la Lista A de *ELLE DECOR*, y en 2010 recibió el Premio Nacional de Diseño Cooper Hewitt de interiorismo.

ROBIN STANDEFER
Y STEPHEN ALESCH
Fundado en 2002 por los diseñadores Robin Standefer y Stephen Alesch, Roman and Williams Buildings and Interiors es un estudio de diseño con sede en Nueva York. Distinguido por la variedad de sus diseños para residencias privadas, hoteles, restaurantes y espacios comerciales, su estética reflexiva y ecléctica ha atraído a clientes de alto nivel, como Gwyneth Paltrow, el Museo Metropolitano de Arte, David Zwirner y Monica Seeman y el Ace Hotel New York. Entre otros reconocimientos, han figurado varios años en la lista AD100 y la Lista A de *ELLE DECOR*.

ROBERT STILIN

Robert Stilin abrió por primera vez una tienda de diseño de lujo en Palm Beach en 1989. Con sede en Nueva York y en los Hamptons, sus proyectos de interiorismo son acogedores, elegantes y confortables. Ha diseñado para clientes como Howard y Sheri Schultz, Fernando García y Susan Stroman, entre otros, y ha formado parte varios años de la lista AD100 y la Lista A de *ELLE DECOR*.

NAOKO TAKENOUCHI Y MARC WEBB

Fundada en 2006 por la interiorista japonesa Naoko Takenouchi y el arquitecto británico Marc Webb, Takenouchi Webb es un estudio de diseño integral con sede en Singapur especializado en proyectos de restaurantes, hoteles y bares. Los diseñadores abordan cada proyecto de forma integral, desarrollando la arquitectura, el interiorismo y el mobiliario. Entre sus clientes se encuentran el restaurante White Rabbit y el hotel japonés Miyako, entre muchos otros. En 2019 recibieron el galardón al Proyecto de Diseño del Año de los premios de diseño de la revista *Tatler*. Takenouchi recibió el premio a la mejor mujer diseñadora de la revista *Design Anthology*.

DAVID THULSTRUP

El arquitecto y diseñador David Thulstrup abrió su estudio de diseño homónimo en Copenhague en 2009. Su estética minimalista y su atención por los detalles a menudo le llevan a crear piezas especiales para sus proyectos. Ha diseñado residencias privadas y espacios comerciales para clientes como Noma, J. Lindeberg, Royal Copenhagen, Georg Jensen y Mark Kenly Domino Tan. Es uno de los *influencers* de la lista AD200 de AD Alemania y en 2019 recibió el premio al mejor restaurante de nueva construcción por Noma en los premios Wallpaper*.

FAYE TOOGOOD

La polifacética diseñadora británica Faye Toogood fundó su estudio en Londres en 2008. Su producción creativa abarca desde moda, mobiliario y escultura hasta prestigiosos proyectos de interiorismo que le han llevado a aparecer en la lista AD100. Conocida por sus espacios contemporáneos decorados con piezas únicas de su propia creación, ha trabajado tanto en residencias privadas como en proyectos comerciales para clientes del mundo de la moda como Mulberry, Carhartt y Hermès.

VINCENT VAN DUYSEN

El diseñador belga Vincent Van Duysen, afincado en Amberes, abrió su estudio en 1989 y rápidamente se hizo con una cartera de proyectos que abarca desde residencias privadas hasta tiendas de lujo. El galardonado arquitecto, interiorista y diseñador de productos es conocido por su diseño limpio y atemporal, basado en los materiales y las formas. La clientela de alto nivel de Van Duysen incluye a Kim Kardashian, Kanye West y Julianne Moore, entre otros, y ha formado parte en varias ocasiones de la lista AD100 y la Lista A de *ELLE DECOR*.

TEO YANG

Especializado en proyectos residenciales y comerciales de primera línea, Teo Yang comenzó su andadura en Seúl en 2009. Su diseño tradicional coreano combinado con elementos de diseño moderno le han hecho merecedor de reconocimiento mundial. Presente en la lista AD100, entre sus clientes destacan el Museo Nacional de Gyeongju y la Kukje Gallery. Su creatividad no se limita al interiorismo, lo que le ha llevado a colaborar con marcas como Fendi y Vacheron Constantin.

ÍNDICE

© William Abranowicz/Art + Commerce: 249-251; © Brittany Ambridge/OTTO: 91-93; cortesía del André Fu Studio: 55 (derecha); Bill Jacobson Studio, Nueva York: 171-173; Irina Boersma: 95-97; Henry Bourne: 237-239; Nick Carter/Verason Creative: 117-119; Christophe Coenon: 17-19; Enrico Conti: 157-161; cortesía de Paul Costello: 209-211; © Paul Costello/OTTO: 145-147; Grey Crawford: 11-15; © Roger Davies/OTTO: 41-43; Shade Degges: 179-181; Adrien Dirand: 229-231; Pieter Estersohn/Art Department: 187-189; Andrea Ferrari: 83-85; Nicole Franzen: 79-81, 153-55; © Douglas Friedman/Trunk Archive: 125-127, 203-207; cortesía de Ken Fulk/fotografía de Douglas Friedman: 199-201; Kasia Gatkowska: 121-123; Christian Harder: 25-27; Ori Harpaz: 183-185; © Jennifer Hughes: 57-59; Jason Ingram: 61-65; Miguel Flores-Vianna/The Interior Archive: 107-109, 257-259; Ricardo Labougle/The Interior Archive: 245-247; Simon Upton/The Interior Archive: 213-215; © Stephen Kent Johnson/OTTO: 45-47, 149-151, 221-223; © Stephen Kent Johnson/OTTO (diseñado por Atelier AM): 67–69; Laure Joliet: 133-135; Stephan Julliard: 49-51; Vincent Leroux: 167-169; Sean Litchfield: 163-165; © Thomas Loof/Trunk Archive: 241-243; Ana María López: 29-31; Gonzalo Machado: 87-89; Kate Martin: 21-23; Aimée Mazzenga: 71-73; Gilbert McCarragher: 75-77; Eugénie Michel: 233-235; fotografías de Derry Moore: 195-197; cortesía de Michelle Nussbaumer: 37-39; © Eric Piasecki/OTTO: 137-139; Manu Rodríguez: 99-101; Shim Yun Suk/Studio Sim: 111-115; Anson Smart: 225-227; Studio Periphery: 191-193; © William Waldron/OTTO: 217-219; © Björn Wallander/OTTO: 103-105, 175-177; Michael Weber: 53-54, 55 (izquierda); Joachim Wichmann: 253-255; Taran Wilkhu: 129-131; Matthew Williams: 33-35, 141-143

AGRADECIMIENTOS DE LA EDITORIAL

El editor desea agradecer a Sarah Bell, James Brown, Joan Barzilay Freund, Julia Hasting, Hélène Gallois Montbrun, Michael Goldstein, Linda Lee, Laine Morreau, João Mota, William Norwich, Elizabeth O'Rourke, Holly Pollard, Lily Rodgers, Baptiste Roque-Genest, Kim Scott, Stephanie Sporn, Hans Stofregen, Pip Usher y Nerissa Dominguez Vales sus valiosas aportaciones.

Phaidon Press Limited
2 Cooperage Yard
Londres E15 2QR

Phaidon Press Inc.
65 Bleecker Street
Nueva York, NY 10012

phaidon.com

Primera edición en español 2022

ISBN 978 1 83866 441 1

Directora editorial: Virginia McLeod
Editora de proyecto: Sarah Massey
Producción: Nerissa Dominguez Vales
Diseño de portada: Julia Hasting
Diseño: Hans Stofregen
Maquetación: Cantina

Responsable de la edición española: Baptiste Roque-Genest
Traducción del inglés: Carme Franch y Ángeles Llamazares para Cillero & de Motta

Impreso en China

BIOGRAFÍAS DE LAS AUTORAS

Joan Barzilay Freund es autora de *Masterpieces of Americana: The Collection of Mr. and Mrs. Adolph Henry Meyer* y coautora de *Hidden Treasures: Searching for Masterpieces of American Furniture*. Ha escrito para publicaciones como la revista *Introspective* de 1stDibs, *ELLE DECOR*, el *Chicago Tribune* y Chipstone, entre muchas otras.

Stephanie Sporn es una periodista neoyorquina de arte y cultura e historiadora de moda especializada en la fusión del arte, el diseño y la moda. Su laureado trabajo se ha publicado en *Architectural Digest*, *Galerie*, *DuJour* y *Hollywood Reporter*, entre otras publicaciones. También ha escrito para organizaciones y casas de subastas, como la Fundación Europea de Bellas Artes, Christie's y Sotheby's.

Pip Usher es una periodista británico-americana conocida por sus artículos culturales y sus extensos perfiles. Ha entrevistado a personajes célebres del mundo de la moda y el diseño y escrito para revistas como *The Economist*, *Financial Times* y *Vogue*. Además de participar en el libro de diseño de interiores de Phaidon, *By Design*, publicado en 2021, ha escrito mucho para *Kinfolk*. Tras vivir en ciudades como Nueva York, Beirut, Bangkok y Jerusalén, ha vuelto a Londres para establecer su hogar actual.